FOYERS ET COULISSES

HISTOIRE ANECDOTIQUE
DE TOUS LES THÉATRES DE PARIS

GAITÉ

TOME II

AVEC PHOTOGRAPHIES

PARIS
TRESSE, ÉDITEUR
GALERIE DE CHARTRES, 10 ET 11
PALAIS-ROYAL

MDCCCLXXV
Tous droits réservés.

FOYERS & COULISSES

SEPTIÈME LIVRAISON

GAITÉ

TOME DEUXIÈME

EN VENTE :

L'ANNÉE THÉATRALE 1874-1875

PREMIÈRE ANNÉE

NOUVELLES DE CHAQUE JOUR, COMPTES RENDUS, RACONTARS, ETC.

Par Georges DUVAL

Un Volume in-18 de 400 Pages

Prix : 3 fr. 50

DEUXIÈME ÉDITION

DESCLÉE

BIOGRAPHIE ET SOUVENIRS

PAR E. DE MOLÈNES

1 vol. in-18, orné d'un Portrait à l'eau-forte

Prix : 3 fr. 50

Paris. — Imp. Richard-Berthier, 18-19, pass. de l'Opéra,

PHOTOGRAPHIE GASTON et MATHIEU
40, BOULEVARD BONNE-NOUVELLE

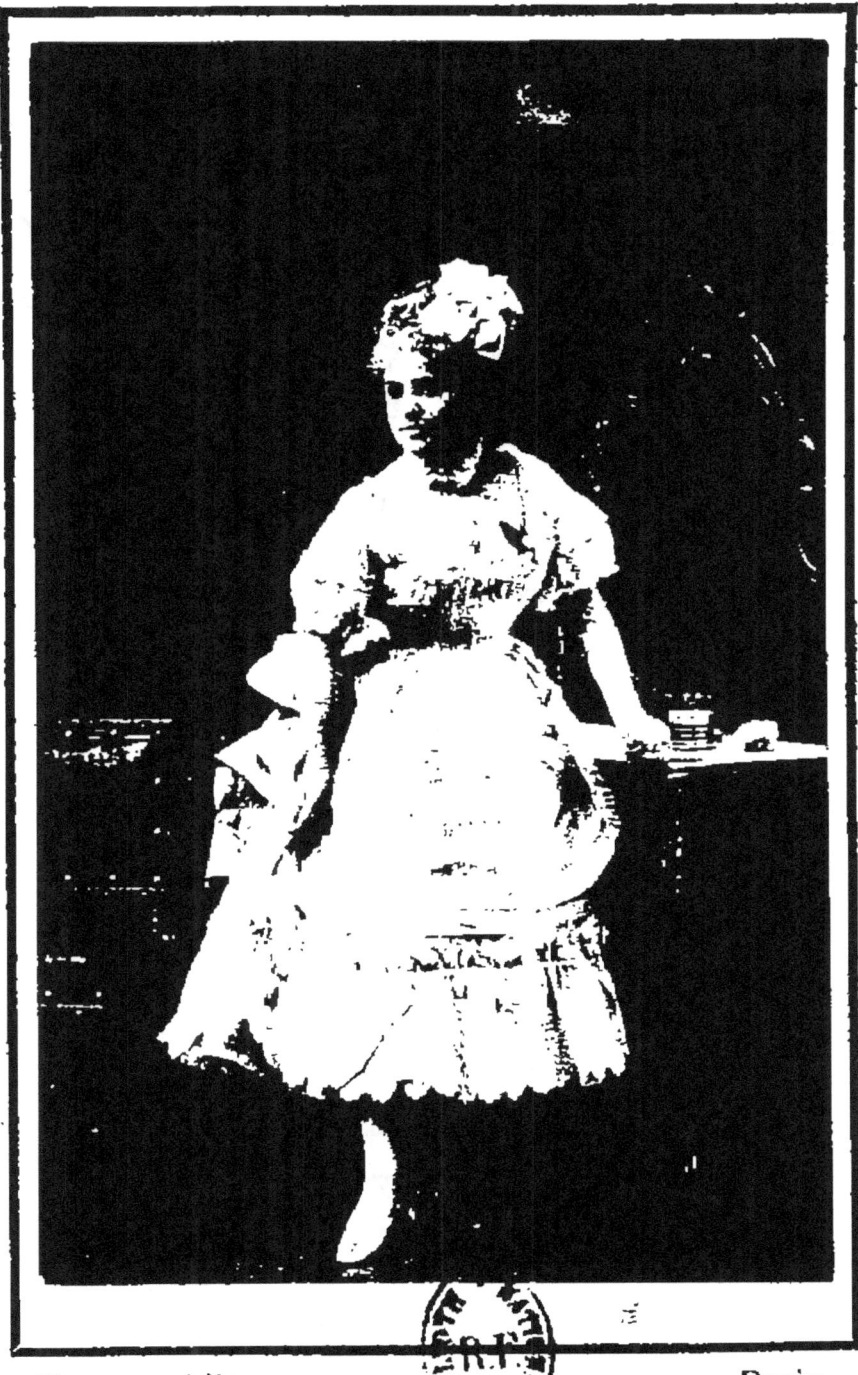

TRESSE, éditeur.   Paris.

FOYERS
ET
COULISSES

HISTOIRE ANECDOTIQUE DES THÉATRES DE PARIS

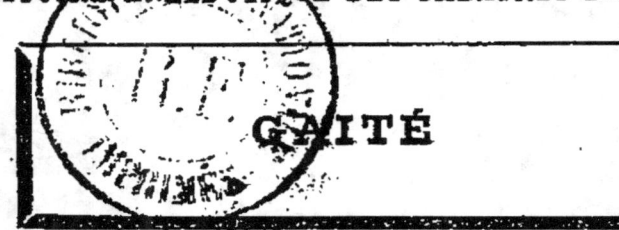

GAITÉ

TOME DEUXIÈME

1 franc 50

AVEC PHOTOGRAPHIES

PARIS
TRESSE, ÉDITEUR
10 ET 11, GALERIE DE CHARTRES
Palais-Royal

1875

Tous droits réservés

GAÎTÉ

ADMINISTRATION

Directeur	J. Offenbach.
Administrateur général	E. Trefeu.
Administrateur artistique et premier chef d'orchestre.........	A. Vizentini.
Secrétaire général...............	E. Mendel.
Caissier........................	Ch. Grou.
Inspecteur du théâtre...........	Ch. Bridault.
Inspecteur de la salle...........	G. Henriot.

RÉGIE ET CHEFS DE SERVICE

Directeur de la scène...........	E. Taigny.
Régisseur	Vazeilles.
—	Beaudu.
—	J. Vizentini.
Contrôleur en chef.............	Ph. Mendel.
Chef costumière,.............	Mme Gervais.
— machiniste.............	MM. E. Godin.
— costumier.................	Constant.
— d'orchestre	A. Godin.
— des chœurs	Bourdeau.
— des accessoires...........	Monet.
Maître de ballet	Fuchs.
Régisseur de la danse.......	Mme Montplaisir.
Inspecteur des chœurs.......	MM. Vaudegend.
Accompagnateur	Martin.

J. OFFENBACH[*]

Du temps qu'il n'avait pas encor blagué l'Olympe,
Ni soulevé du bout de son archet la guimpe
    Qu'emplit le buste de Pallas,
A cet âge où l'on est fier d'être polygame,
Bien souvent il disait à la sœur de son âme :
    « Ça ne va pas du tout, hélas ! »

« Ma gloire, la coquine, a le pas des limaces,
Et je ne suis connu que pour être des basses
    Le triomphant Paganini ;
Bientôt tout va changer ; mon avenir se dore ;
Alors tu quitteras, pour le velours sonore,
    Ta robe d'al*paga, Nini !*

Vienne une occasion, plutôt que je la perde,
Périssent et Weber et l'aïeul Monteverde,
    Et Boïeldieu, ce liseron !
L'univers tremblera du poids de mon génie,
Je vous égalerai, neuf sphères d'Harmonie
    Que nous décrivit Cicéron !

Je n'aurai de respect pour rien ; et les antiques
Seront débarrassés de ces poses attiques
    Qu'ils ont sur leurs socles de stuc ;
Vainqueur, je transcrirai la musique des fées ;
Et nos neveux pourront comparer nos *Orphées,*
    Mon pauvre vieux compère Gluck !

J'aurai la fantaisie étrange des mers bleues,
Et la vivacité folle des hochequeues :
    Hoffmann ne sera que mon groom ;
                             [beugles ! »
Donc, j'ai dit ! et je veux, ô Schubert, que tu
...Et l'homme au nez sinistre écrivit les *Aveugles*
    Et chanta le général Boum !

[*] *Cette poésie est de Vermesch.*

OFFENBACH-DIRECTEUR

Offenbach est loin d'avoir dit son dernier mot. Il est jeune encore, intrépide au travail.

Une originalité dont rien n'approche, un entrain merveilleux, une gaîté persévérante et une verve à jet continu, voilà sans contredit le caractère de son talent musical. — Chez lui l'inspiration folâtre n'exclut pas la sensibilité, ce qui a fait dire avec justesse à un journaliste de Berlin : « La musique d'Offenbach a l'esprit français, mais elle conserve toujours le cœur allemand. »

A propos de l'éternel succès d'*Orphée aux Enfers*, certains critiques, voyant le sans-gêne de l'œuvre, le cachet de naturel qui la distingue, et ne sachant pas que très-souvent ce qui paraît composé sans peine a presque toujours coûté beaucoup de travail à l'auteur, s'écriaient : Bah ! cette pièce est comme l'œuf de Christophe Colomb :

— Chacun pouvait en avoir l'idée.
— Oui, mais il fallait l'avoir.

LE CABINET D'OFFENBACH

est situé au premier étage du côté droit de la scène ; il est muni d'un certain nombre de portes dérobées et de plusieurs escaliers de sortie. L'ameublement est en velours vert. Au milieu une grande table, près de la fenêtre un piano, sur les murs des vues représentant la cathédrale de Milan, les principaux tableaux de Gênes, Venise, etc., etc., des scènes des *Deux Aveugles* et du *Roi Carotte*.

LE FAUTEUIL D'OFFENBACH.

Ce fauteuil vaut la peine d'être souligné, car il a son histoire. — Le maëstro affectionne tout particulièrement ce genre de siége. Quand il était directeur des Bouffes, il trônait dans un vieux fauteuil gothique qu'il avait acheté chez un brocanteur.

Ce fauteuil était le rêve de Varney, qui fut le successeur d'Offenbach.

M'y asseoir et mourir! disait-il.

L'occasion si desirée ne tarda pas à se présenter. Offenbach abandonna les Bouffes, et y laissa son fauteuil.

Une heure après, Varney s'y précipitait mais..... impossible de s'y asseoir, il était trop étroit!...

Les détracteurs et les envieux ont plus d'une fois prétendu qu'Offenbach avait copié Mozart et mis son *Requiem* en quadrille. — Aujourd'hui, d'après ce que raconte Timothée Trimm, nous devons pencher pour l'affirmative. Oui, Offenbach a copié Mozart. Il a donné l'aumône à un pauvre, de la même façon que l'auteur de *Don Juan.*

Ce nécessiteux, persistant et entêté, poursuivait Offenbach sans relâche tout le long de l'avenue des Champs-Elysées... et *faisait la manche* dans la langue de Schiller... Or, comme le maëstro est Allemand... il ne peut arguer de son ignorance pour refuser la charité.

Il se fouille... pas un kreutzer.

Pas un sou de France.

Pas une obole.

Une vraie pénurie de grand prix de Rome sortant du Conservatoire !...

Et le pauvre implorait toujours sur le ton de Patachon des *Deux Aveugles.*

— Eh bien! s'écria Offenbach énervé, je n'ai pas d'argent... mais je veux te donner une traite à vue.

Et, après avoir tracé sur un feuillet arraché à son portefeuille les lignes harmoniques, il écrivit pendant dix minutes... puis il donna le feuillet au solliciteur. En tête, on lisait :

La Polka du Mendiant.

— Tiens! s'écria-t-il, cela vaut bien deux cents francs chez tous les éditeurs...

Huit jours après, Offenbach rencontra son pauvre.

— Eh bien ! lui dit-il, as-tu vendu ?...

— Je suis en pourparlers, répondit celui-ci en rajustant ses guenilles.

— Et tu ne te décides pas ?...

— J'ai le temps.

L'indigent avait déjà reçu des offres des principaux éditeurs de Paris. — Il avait fait *essayer* le morceau au piano par un domestique qui a été homme du monde.

Il veut mille francs.

Et se réserve :

Le droit d'éditer à l'étranger ;

Le droit de perception aux cafés-concerts et bals ;

Le droit de l'édition populaire à 10 centimes ;

Le privilége de vendre à l'intérieur des Bouffes et de la Gaîté ;

Le droit de traiter avec Strauss et Arban pour les bals de l'Opéra, et avec... les orgues de Barbarie.

Pourquoi Offenbach, si intelligent, si malin, ne prendrait-il pas ce mendiant administratif... pour son administration ?

ETIENNE TRÉFEU

Cet auteur dramatique est à la Gaîté l'administrateur chargé de la comptabilité du matériel, des achats, et de toute la partie du contentieux.

Les frères Lyonnet sont moins inséparables que Tréfeu et Albert Vizentini.— Ils s'entendent absolument en tout et pour tout. Tréfeu est aussi calme et aussi flegmatique que Vizentini est prompt et rageur. Tréfeu veut toujours renvoyer les choses au lendemain, ses projets comme ses décisions ont besoin de mûrir pendant 24 heures ; — mais Tréfeu compte sans Vizentini, qui est là pour réaliser ses projets avant même qu'il ne les ait conçus. — Tréfeu fut employé pendant longtemps dans les bureaux de la douane. Excellent père de famille, il vit tout entier pour son ménage. Son rêve est d'habiter sa Normandie (il est de St-Lô); il attend, pour le réaliser, que son collaborateur et directeur Offenbach ait gagné un milliard à la Gaîté. Tréfeu, toujours de noir habillé, n'a qu'une coquetterie, c'est une petite mèche blanche qu'il porte coquettement sur son front. Serait-ce la mèche de Sylla?

J'oubliais de vous dire que Tréfeu est un des dragons préposés à la garde des cigares d'Offenbach.

Vizentini est l'autre ! Malheur à qui s'aviserait de plonger une main crochue dans la boîte de londrès du maëstro devant les deux vestales en culottes chargées de veiller sur son feu sacré.

ALBERT VIZENTINI

Fils d'Augustin Vizentini, administrateur à l'Opéra, directeur à l'Odéon, régisseur général du Vaudeville, de la Porte-St-Martin, du Châtelet, une des grandes réputations des temps connus, metteur en scène; — petit-fils de Vizentini, le doyen des sociétaires du théâtre Feydeau (le Vizentini qui a créé les VISITANDINES, la NEIGE, MAZANIELLO, etc.

Abert Vizentini a commencé par être pensionnaire de l'Odéon. En 1847 il jouait dans *le Dernier Banquet,* la revue de *Camille Doucet,* le rôle du jeune auteur. Il a fait toutes ses études musicales en Belgique avec *Fétis* et *Léonard,* et il a obtenu tous ses premiers prix de violon et de composition au Conservatoire de Bruxelles.

Albert Vizentini a commencé à conduire, comme chef d'orchestre, à Anvers en 1860.

Ensuite, avec Mme CARVALHO, il fit une tournée de concerts en Belgique et en Hollande. Puis il vint se faire entendre comme virtuose. Il se fit remarquer comme tel, dans nombre de soirées et de représentations à bénéfice. C'est lui qui inventa, pour un concert à la salle Hertz, la FEMME TÉNOR qui n'était autre qu'un contralto.

Mais tous ses succès ne valaient pas ceux du théâtre. Il se fit donc engager comme *solo violon* aux Bouffes, puis au Théâtre-Lyrique, où il resta quatre ans.

Sur ces entrefaites, *Marc Fournier* et *Albéric Second* lui mirent la plume à la main, et Vizentini devint critique musical. Ainsi que l'atteste sa collaboration au *Grand Journal*, au *Charivari* (pendant dix ans), à *l'Entracte*, à *l'Evénement illustré*, au *Paris Magazine*, à *l'Eclair*, etc., etc., il fonda avec Strackosh un journal de musique, le *Télégraphe*, dont la guerre arrêta le mouvement.

C'est à la suite d'une discussion, motivée par un article du *Charivari*, qu'il donna sa démission au *Théâtre-Lyrique*.

Il entra à la Porte-St-Martin comme chef d'orchestre, chargé de composer la musique des pièces nouvelles. Il alla à Londres pendant trois étés, pour monter le répertoire d'Offenbach avec Shneider; c'est là qu'il eut au doigt un accident qui, depuis, l'empêcha de jouer du violon. C'est également à Londres qu'Offenbach le vit conduire; il le fit engager à la Gaîté, par M. Boulet, pour monter le *Roi Carotte*.

M. Boulet cédant sa direction à Offenbach, celui-ci garda naturellement Vizentini, qui est devenu aujourd'hui son bras droit, son *alter ego*.

Vizentini a signé un engagement de seize ans absolument pour tout faire, comme les bonnes du bureau de placement.

Le jeune chef d'orchestre prenait si bien cet engagement à la lettre, que, le lendemain matin, il pénétrait chez Offenbach, s'emparait de ses bottes et les cirait au grand ébahissement du maëstro.

— Ne m'avez-vous pas engagé pour tout faire ? lui dit-il.

En effet, Vizentini le remplace complétement dans son absence pour tous les rouages de la machine. Résiliations, engagements, traités avec les auteurs, commandes de décors, commandes de costumes, tout lui passe par les mains, tout...

A la répétition générale de *Jeanne d'Arc*, les inspecteurs de la censure ayant trouvé une jupe trop courte, ont demandé la costumière à tous les échos ; elle ne venait pas. Que croyez-vous que fit Vizentini, qui conduisait son orchestre ? Il déposa son bâton de mesure sur son pupître, descendit de son fauteuil, escalada l'orchestre en moins de cinq minutes ; ayant franchi les six étages qui mènent chez la costumière, il les redescendait avec celle-ci, qui allongeait la jupe, puis il reprenait sa place à son orchestre, comme s'il ne l'avait jamais quittée.

Il n'y a qu'une chose pour laquelle

Vizentini n'a pu remplacer Offenbach, mais il ne désespère pas d'y arriver.

Ce sont les rhumatismes...

Le rêve du maëstro-directeur et de son jeune chef d'orchestre, c'est d'avoir à la *Gaîté* une pièce qui leur laisse le loisir de s'enfermer dans leur cabinet pour jouer des duos de violon et de violoncelle.

Vizentini, par son engagement qui le reconnaît administrateur artistique, premier chef d'orchestre et directeur de la musique, se réserve le droit de ne conduire son orchestre tout au long que pendant les cinquante premières représentations de l'ouvrage.

Il vient de faire transformer son cabinet en un véritable boudoir, orné de son portrait-charge très-ressemblant, du portrait d'Offenbach, et d'un millier de photographies d'artistes... dames.

A chez lui, dans son salon, les portraits des plus célèbres compositeurs modernes, avec dédicaces des plus flatteuses pour le jeune chef d'orchestre dont nous venons de faire la biographie.

EMILE MENDEL

Le spirituel courriériste théâtral de *Paris-Journal* est rarement à son poste, par cette raison que ses fonctions consistent à donner des places; et comme on fait toujours de l'argent au théâtre de la Gaîté, sa mission de secrétaire y devient une douce sinécure.

Détail qui fait honneur à ses mœurs, Emile Mendel ne permet pas aux petites dames d'être trop familières avec lui.

Très-brun, très-gentil, très-doux, très-aimable, son plus grand bonheur est de se précipiter sur le premier piano qu'il peut rencontrer, et de le faire vibrer... sans prétention.

Mendel porte toujours les cheveux coupés à la malcontent, ce qui ne l'empêche pas d'être très-content de son sort, malgré les migraines féroces qui le retiennent quelquefois chez lui (*46, rue Laffitte*) au cinquième?... au-dessus de l'entresol! et quand, pauvre asthmatique avant l'âge, vous maudissez cette ascension, Mendel vous répond : Figures-toi que tu es aux courses de la *Marche!* En effet, il faut en monter 108 pour arriver à sa porte!

CHARLES GROU

Ce caissier modèle est l'enfant chéri des dames..... de la Gaîté. Il y a une raison pour cela. Les jours de paie, il se ruine en bouquets de violettes pour elles, et se réserve le bonheur, quand elles ont mérité une gratification, d'être le premier à le leur annoncer, ne demandant qu'un baiser pour toute récompense.

Depuis longtemps membre du *Caveau*, et ancien éditeur de musique, M. Grou ferait des romances et des couplets de factures, jusque sur CELLES des fournisseurs de la Gaîté, si les chiffres lui en laissaient le temps.

En résumé, petit homme, et grand caissier.

BRIDAULT (CHARLES)

Nous n'en parlerons pas comme directeur, puisque comme tel il a été plus intelligent qu'heureux.

Ancien secrétaire des Folies-Nouvelles, directeur du théâtre Déjazet, puis de la Tour-d'Auvergne; il est nouvel arrivant à la Gaîté, où il paraît appelé à rendre de grands services.

Très-actif et portant toujours des lunettes, c'est un homme d'un commerce agréable et qui a été de suite sympathique au nombreux personnel de la Gaîté. Mais ne le mettez pas en colère, car lorsqu'il se fâche il devient blanc comme Debureau. Par exemple, faites-le rire, vous serez son ami.

M. Bridault a pour pour cabinet le salon attenant aux baignoires de gauche, dont il est séparé par une des portes de fer qui communiquent avec la salle. Ce cabinet est plutôt un *violon*, car c'est là qu'on enferme les journalistes indiscrets qui se faufilent sur la scène les jours de répétition générale.

C'est l'ancien cabinet de Vizentini.

GASTON HENRIOT

Neveu de Roqueplan, ancien directeur du Châtelet, où il succédait à son oncle. Ancien administrateur de l'Alhambra de Londres. Préconise le système anglais en matière de contrôle.

Tout nouveau à la Gaîté, où dès son entrée il a fait une bouillie de placeurs et une fricassée d'ouvreuses.

ÉMILE TAIGNY

Ancien directeur des Délassements ; a joint aux qualités directoriales le talent d'un jeune premier remarquable. Il laissa au Vaudeville de la rue de Chartres et de la place de la Bourse de glorieux souvenirs. C'est là qu'il débuta dans l'abbé de Gondi, du *Duel de Richelieu*, et créa le rôle de *Faublas* et tant d'autres. Sa belle tenue, ses manières distinguées, son jeu élégant le placèrent au premier rang. — Aux Délassements-Comiques, il servait de modèle à ceux de ses artistes qui tenaient son emploi, et reprit lui-même sur son théâtre, pour lui donner plus d'éclat, toutes ses créations du Vaudeville. Il créa, avec sa femme, une pièce charmante, de Jules Renard, le *Chemin des amoureux*. Emile Taigny a laissé son nom attaché à un emploi devenu typique au théâtre. De même qu'on dit : Je joue les Dugazon, les Déjazet; on dit : Je tiens l'emploi des Taigny. — M. Taigny est entré à la Gaîté, square des Arts-et-Métiers, dans la combinaison de la Société Nantaise, et comme capitaliste et comme directeur de la scène. — Il est une des colonnes fondamentales de ce théâtre auquel il est imposé. Signes particuliers : pourrait être marguillier de sa paroisse (si ce n'est déjà fait).

M. Emile Taigny porte toujours des bottes fourrées et boit de l'eau de goudron pendant toute la soirée, dans la loge où il assiste à la représentation.

Opinion politique : lit assidûment la *Patrie* et le *Petit Journal*.

LÉON VAZEILLES

Auteur dramatique. Le Cogniard du

théâtre Saint-Pierre. Edite ses pièces lui-même. Autrefois, il les jouait. L'été, il monte trois ou quatre parties avec des comédiens auxquels il fait jouer des spectacles généralement composés de ses pièces, et il se présente très-sérieusement chez Peragallo, le trimestre suivant, pour toucher ses droits d'auteur.

Léon Vazeilles, qui n'a pas encore besoin de l'eau Laferrière, se fait friser régulièrement tous les deux jours, — et généralement, ces jours-là, les danseuses indisposées s'évanouissent dans son cabinet, où se trouve sa boîte de pharmacie.

Les autres jours, il cause politique au foyer, où il commente les articles du *Rappel,* dont il est, avec Mallet, un des lecteurs les plus assidus.

BAUDU (JEUNE)

Celui-là est bien l'enfant de la maison.

Il a 29 ans et il y en a 31 qu'il est dans le théâtre, où il fit sa première entrée dans la personne de son père, d'abord, qui est le perruquier du théâtre, et de sa mère. — Baudu a commencé à jouer à la Gaîté dans des rôles d'enfant, c'est le *Deus ex machina* de la scène — Offenbach en fait le plus grand cas, ainsi que Vizentini, dont il est essentiellemeut la créature. — Toujours armé d'un porte-voix en zinc pour transmettre ses ordres dans le dessous, il est à tout et conduit toutes les pièces pendant que M. Taigny est dans la salle et prend des notes. — Baudu a ceci de curieux, c'est qu'il sait tous les rôles ; il a doublé successivement Dumaine, Laurent, Legrenay, Charly, tous les artistes qui ont joué depuis 5 ans à la Gaîté ; — quand le souffleur perd son manuscrit ou qu'on ne retrouve pas la tradition d'une pièce on consulte Baudu qui la récite immédiatement sans se tromper d'un *coda*. — C'est un robinet à renseignements. — Il a été un peu décontenancé par l'arrivée de la musique à la Gaîté ; mais il s'est mis courageusement au solfége et le temps n'est pas loin où il pourra vocaliser avec charme, le jour où madame Dartaux sera malade. Déjà, quand il y a des chœurs dans la coulisse, il bat la mesure avec son porte-voix, et manque de blesser avec, ceux qui se trouvent derrière lui. — Baudu vient de se marier avec une charmante petite actrice de la Gaîté, Mlle Mette. Son espoir est d'être père ; ensuite vous verrez qu'il mourra à la Gaîté et qu'il voudra y être enterré.

E. GODIN

A commencé sa carrière à l'AMBIGU. C'est là que Fetcher le remarqua et l'engagea pour Londres, où il resta avec lui au *Lycéum*, pendant huit ans ; de *Londres*, l'habile machiniste revint, en 1867, à *Paris*, où l'appelait la GAITÉ, qui lui doit, entre autres grands effets décoratifs, l'incendie de la *Madone des Roses*, la dernière corvette du *Fils de la nuit*, les nouveaux tableaux de la *Chatte blanche* et ceux du royaume de Neptune, dans *Orphée aux Enfers*. Le chef machiniste de la Gaîté est un homme très-doux ; il a rapporté d'Angleterre les manières d'un parfait gentleman. Ses hommes lui obéissent au doigt et à l'œil.

Signe particulier : n'est pas partisan des petits trucs, n'admet, ne conçoit que les grands effets, et pour cela il est tout à fait de la nouvelle école.

Bref, le premier machiniste de France et... de Navarre.

J. VIZENTINI (ONCLE D'ALBERT)

A été très-longtemps régisseur à l'Odéon. Après cela, a parcouru la province dans tous les sens. Est entré, il y a quelques années, à la Gaîté, comme troisième régisseur. Il joue dans toutes les pièces : dans *Jeanne d'Arc*, un soldat anglais; dans *Orphée*, Rhadamante; a créé, dans *Léonard*, Saint-Phar, l'égoutier célèbre par son binocle et son mouchoir parfumé.

PHILIPPE MENDEL

Fut pendant de longues années le contrôleur des bals de l'Opéra. Aime à s'entourer de sa famille. Déteste la cravate blanche qu'Offenbach impose à son personnel.

Très-doux à la ville, il est un peu nerveux dans ses rapports avec le public.

Frère du jeune secrétaire de la Gaîté, Emile Mendel, et beau-frère d'Ernest Blum, l'auteur dramatique.

MME GERVAIS

Une maîtresse femme très-appréciée à la Gaîté, et elle le mérite. C'est une autorité dans son genre. Pour Grévin, Lacoste ou Thomas, dessinateurs de costumes, elle devient un véritable collaborateur. Femme d'ordre et de régularité, ses costumes sont entretenus, soignés, rangés, étiquetés avec le plus grand soin.

M. CONSTANT

Un père tranquille. Rien ne peut l'émouvoir, même lorsqu'on lui commande 7 à 800 pourpoints, 900 trousses et 375 paires de bottes. Signes particuliers : un coupeur de premier ordre. Il habille surtout les artistes à leur taille et à leur physionomie avec une sûreté de main qui lui est personnelle. Son véritable nom est Constanzo. L'habitude a fait supprimer le *zo*. Il reste à la Gaîté son costumier *Constant.*

M. A. GODIN

Correct, propre, froid ; il a l'aspect anglais, et pâlit un peu plus à chaque fausse note d'un musicien. Il fut second chef d'orchestre à l'Opéra-Comique.

Bon musicien, toujours en tenue de soirée, il ne lui manque qu'une chaufferette pour entraîner ses musiciens.

M. BOURDEAU

Ancien premier basson de l'Opéra-Comique et du Théâtre-Lyrique, il est maître de chapelle à Passy. Comme l'abbé Pellegrin,

> Il dîne de l'autel et soupe du théâtre.

Joli garçon, toujours élégamment vêtu, il dirige son personnel à l'anglaise, c'est-à-dire sans bruit, sans embarras, consciencieusement, exactement, bref, en gentleman. Fou de musique, c'est entre cet art et lui un mariage d'amour où les deux époux sont toujours en pleine lune de miel.

M. MONET

Grand, fort, beau garçon, il voit tout, il pense à tout, il fait tout. Cartonnier, truquiste, ébéniste, décorateur, armurier, dessinateur, il monte à cheval, joue, chante, danse, parle selon les besoins du moment. Autrefois, au Cirque, il joua tous les héros d'armes et tous les mauvais génies. A la Gaîté, il a créé le joueur de biniou dans le ballet du *Gascon* et le chien Cerbère dans *Orphée*. Pour ce dernier rôle, son succès fut tel qu'il reçut de plusieurs fermiers l'offre d'une bonne somme pour passer ses nuits à aboyer dans leur basse-cour. Dans un théâtre, M. Monnet est l'homme précieux par excellence.

M. FUCHS

Un enfant de l'Opéra.

Jadis 1er danseur, élégant, allié aux Taglioni. A voyagé dans les deux hémisphères, et y a remporté des succès cosmopolites. Il le dit avec orgueil : « Je fus parfois l'égal des têtes couronnées. »

Maintenant, M. Fuchs a l'aspect d'un bon bourgeois retiré aux Batignolles, ce qui ne l'empêche pas de régler les très-beaux et très-luxueux ballets de la Gaîté.

Très-sensible aux influences féminines, lui et sa canne sont bien *gardés*.

MME MONTPLAISIR

Femme du célèbre chorégraphe italien, elle a jadis dansé à la Porte-Saint-Martin entre autres, et non sans remporter de brillants succès.

Depuis six ans à la Gaîté, elle dirige la classe des enfants du ballet, et nous prépare ainsi les bayadères de l'avenir.

M. WAUDEGEND

Chargé de surveiller les choristes, qui souvent, au lieu de tenir leur partie, préfèrent raconter leurs petites affaires.

M. MARTIN

Organiste de Notre-Dame-de-Bonne-Nouvelle. Se préoccupe au théâtre de ce que pense son curé, et à l'église de ce que dit son directeur.

Accompagnateur de premier ordre. Des doigts de fer, mais un drôle de corps. Tout en l'aimant beaucoup, Vizentini lui casse quatre archets sur le dos à chaque répétition.

Aime beaucoup les banquets et repas de corps, où il s'amuse comme un enfant.

Passion particulière : il adore sa pipe et la mène dans le monde.

ARTISTES

MM. Lafontaine.
Montaubry.
Clément Just.
Desrieux.
Christian (Variétés)
Daubray.
Bonnet.
Grivot.
Gravier.
Stuart.
Legrenay.
Reynald.
Habbay.
Angelo.
Antonin.
Scipion.
Courcelles.
Troy.
Gaspard.
Jean-Paul.
Meyronnet.
Damourette.
Mallet.
Henri.
Chevalier.
Alexandre fils.
Galli.
Barsagol.
Colleuille.
Paulin.
Colleuille fils.

Mmes Victoria Lafontaine
Lia Félix.
Marie Laurent.
Thérésa.
Théo.
L. Grivot.
A. Teissandier.
Marie Vannoy.
Anna Dartaux.
Matz Ferrare.
Marie Brindeau.
Angèle.
B. Perret.
El. Gilbert.
Bl. Méry.
P. Lyon.
Guotti.
Capet.
J. Eyre.
Debryat.
L. Albouy.
El. Albouy.
Grandpré.
Julia.
Maury.
Castello.
Durieu.
Davenay.
L. Gobert.
Iriart.
M. Godin.
A. Mette.
Sylvana.
Conti.
Jeault.
Morini.
Wagner.

BALLET

Christina Roselli, — 1ᵉʳ sujet.

Vittorina Fontebello,
Rosina Brambilla,
Léontine Vernet,
Eugénie Pelletier, — 1ʳᵉˢ Danseuses.

Enrichetta Maüry,
Marie Gardès,
Berthe Solari, — 2ᵐᵉˢ 1ʳᵉˢ Danseuses.

Alicia Del Pozzo,
Aug. Herbinot,
Laura Garbagnati,
Antonia Gardès,
Camille Perrot, — 2ᵐᵉˢ Danseuses.

Emma Salvadori,
Elvira Viola, — Guida.

18 Coryphées,
42 Dames,
16 Enfants, — Corps de balle

82 Choristes,
10 Enfants de chœur,
54 Musiciens,
22 Orchestre militaire,
85 Machinistes,
150 Figurants,
60 Figurantes,
212 Employés divers.

---

751 Personnes coopérant à la représentation.

LAFONTAINE

Une des meilleures biographies de Lafontaine est celle que M. N. Gallois fit en 1867 ; nous la reproduisons en entier :

Nous lisons dans une petite publication intitulée la *Lanterne magique :* « Et Lafontaine, cet élégant acteur du Gymnase, n'a-t-il pas été abbé d'un séminaire, puis garçon de ferme en Normandie, puis palefrenier, puis que sais-je, moi ? Il a fait un peu de tout, et pourtant, voyez-le maintenant, c'est l'homme du monde par excellence, la distinction dans tout son éclat, tant il est vrai que l'éducation est la pierre fondamentale de l'humanité ! »

Louis-Marie-Henri Thomas, tel est le véritable nom de M. Lafontaine ; il compte parmi ses aïeux l'académicien Thomas et Laharpe.

Lafontaine a été en effet, comme le dit la biographie que nous venons de citer, séminariste, mais séminariste ayant pardessus tout en haine le séminaire et le latin qu'on y apprenait. Aussi s'évada-t-il maintes fois, au risque de se rompre le cou ; une dernière fois, ce fut la bonne, il n'y rentra plus.

Garçon de ferme, palefrenier, ceci est de l'imagination toute pure ; quand il s'évadait, il se cachait chez d'anciens fermiers de son père qui le traitaient comme leur fils et leur maître à la fois. Voilà sans doute ce qui a donné lieu à la petite inexactitude que nous avons citée pour la rectifier. Ce fait redressé, nous devons constater que Lafontaine a mené sur terre et sur mer une vie vagabonde qui, en dernier ressort, l'a conduit à embrasser la carrière théâtrale. Il a été commis négociant; il s'est acheminé ensuite vers Paris, léger d'argent et rempli d'espérance. En route, il s'est fait colporteur, vendant aux campagnards des bonnets de coton; c'est ainsi qu'il est parvenu à atteindre la capitale avec quelques écus dans sa poche.

Lafontaine cherchait sa vocation; il ne l'avait rencontrée ni dans les austérités des ordres ecclésiastiques, ni dans les spéculations commerciales, réduites à leur plus modeste expression; mais le goût du théâtre lui était venu; il avait joué Buridan sur des tréteaux, il avait joué à l'Athénée de Bordeaux, charmant petit théâtre d'amateurs où l'on se souvient toujours de lui.

Aussi, dès son arrivée à Paris, Lafontaine, plein des illusions naturelles à son âge, se crut-il en droit de frapper aux portes de la Comédie-Française: Sésame ne s'ouvrit pas. Alors Lafontaine s'achemina plus modestement vers les théâtres de la banlieue; accueilli par M. Seveste, il débuta, il joua, il étudia, bientôt il se fit remarquer par l'art avec lequel il composait ses rôles. Enfin, ô bonheur! voilà le jeune artiste à la Porte-Saint-Martin. Mais la direction qui l'avait engagé ayant fait de mauvaises affaires, le théâtre ferma ; il dut chercher à se caser ailleurs.

Comme la plupart de nos artistes aujourd'hui en renom, Lafontaine, constatons-le en passant, devait compter avec les répulsions de sa famille, s'il eût parlé d'embrasser le métier d'acteur ; pendant deux ans, Henri Thomas, qui a deux sœurs religieuses, écrivait à ses parents qu'il était employé dans une maison de commerce, et ceux-ci le croyaient ; l'acteur Lafontaine en riait sous cape.

En 1849, le Gymnase accueillit Lafontaine, qui débuta dans *Brutus lâche César*, dans *Faust et Marguerite*, en 1851, et fixa enfin la critique, dans la *Femme qui trompe son mari* : « Qu'il réchauffe sa froideur ! » lui disait la *Presse* à propos de sa création du rôle de François, dans cette pièce; c'était là un de ces conseils qu'on donne à des artistes dont on fait cas. A partir de ce moment, Lafontaine s'est parfaitement posé au Gymnase. Le rôle de Fulgence dans le *Mariage de Victorine*, où il s'est révélé avec tant de distinction, lui a conquis la faveur du public, et cette faveur a depuis été toujours en croissant; il l'a justifiée par d'incontestables progrès de chaque jour.

Nous l'avons vu comme tout Paris dans un *Fils de famille*, cette création où il n'a jamais été égalé, cette pièce si admirablement montée à son origine, et nous en dirons, comme M. Théodore Anne : « Il a rendu avec un art parfait le rôle du colonel. C'est le portrait vivant d'un de ces braves officiers au cœur droit, à la tournure un peu gauche, auxquels l'air de la caserne convient mieux que celui du salon, mais qui portent la tête haute parce qu'ils ont le cœur noble et pur. On dirait que Lafontaine a cherché sur quelque champ de manœuvre, trouvé et dessiné le type de la figure qu'il a été chargé de représenter à la scène. Sa perruque, les mouvements de son front, sa tenue, sa tournure, son débit saccadé, ses mouvements convulsifs, tout est d'un naturel parfait. Jusqu'alors jeune premier, Lafontaine est devenu tout à coup premier rôle, sans embarras, sans effort et sans que son talent souffrît de cette brusque transition. Loin de là, ce talent expressif dans la jeunesse a pris une teinte de maturité qui prouve l'excellence des études de cet acteur distingué. Chaque création nouvelle de Lafontaine montre en effet avec quel art cet excellent comédien sait composer un rôle ; il ne se ressemble pas, ne se copie pas lui-même, il fait de chaque personnage qu'il aborde un type qui restera. »

La Comédie Française voulut l'engager en 1854. M. Montigny eut, de son côté, le bon esprit de le retenir.

A vingt-huit ans, il comptait un nombre infini de créations dignes d'un maître, sur cette scène du boulevard Bonne-Nouvelle qui conserve, elle aussi, scrupuleusement, toutes les traditions du bon ton, de la vraie comédie. Il semblait s'y élever à chaque nouveau rôle qu'il prenait; le comte de *Diane de Lys* avait, en dernier lieu, ajouté à sa réputation; le rôle de *Flaminio*, dans une œuvre de Georges Sand à présent oubliée, était créé, par lui, avec un cachet de fatalisme qui ne lui messeyait pas.

Muni d'un bagage dramatique qui eût été peut-être bien lourd à porter pour tout autre que lui, Lafontaine vint de nouveau frapper aux portes de la Comédie-Française; elles s'ouvrirent avec plus de facilité pour le transfuge du Gymnase que pour l'échappé du séminaire et de l'Athénée de Bordeaux. Pourquoi ne le dirais-je pas? Il s'y dévoya tout d'abord. Lui, l'homme par excellence de la comédie dramatique, il se lança, en enfant perdu, dans les vigoureux hémistiches de Corneille. Il joua le *Cid;* il comprit à sa manière, il en fit, d'accord peut-être avec la tradition historique, mais complétement en désaccord avec la tradition du lieu, une sorte de personnage comme ceux du drame romantique, là où le *Cid* personnifiait la tradition classique. Il ne réussit pas. Après avoir médiocrement réussi dans le rôle assez morose de d'Aubigny, de Mlle *de Belle-Isle*, — on peut bien constater ces insuccès effacés par tant et de si beaux succès, — qu'on me permette ce jeu de mot involontaire, il se décida sans hésitation. Il alla jouer au Vaudeville *Dalila*, le *Roman d'un jeune homme pauvre*, puis il revint au Gymnase, où il retrouva une approbation unanime et méritée, dont il sut apprécier la valeur, et où il continua de plus en plus à marquer sa place aux Français.

Là, nous le retrouvons dans la *Perle Noire*, la *Vertu de ma mère*, les *Pattes de mouche*, les *Ganaches*, le *Démon du jeu*; nous devons aussi l'y mentionner dans le *Bout de l'an de l'amour*.

Quelle physionomie plus touchante que celle du *Gentilhomme pauvre*, si heureusement créé par lui, en dernier lieu, à son berceau d'artiste, la salle Bonne-Nouvelle. Quelle dignité dans l'humiliation de la misère imméritée ! quelle sensibilité vraie dans ses souffrances paternelles, dans son orgueil uni à tant d'abnégation ! comme l'acteur perfectionnait le personnage créé par l'auteur et en faisait un type !

Au Gymnase, Lafontaine était souvent, par la distribution des rôles, astreint à aimer, parfois d'un amour tout paternel, l'une des plus gracieuses et des plus méritantes actrices du lieu, Mlle Victoria. Cette affection, écrite dans le poëme de la pièce, il l'a prise au sérieux, et celle dont le nom était si souvent mêlé à ses triomphes est devenue madame Lafontaine.

Lafontaine et Mme Victoria-Lafontaine sont entrés ensemble à la Comédie-Française, le 20 octobre 1863, avec le rang de sociétaires, et un magnifique engagement. L'ex-pensionnaire de M. Montigny y a trouvé un public sympathique et bienveillant avec lequel il s'est bientôt mis à l'aise. Il y a débuté, le 1er novembre 1863, dans le *Dernier quartier*, par un rôle des plus modestes, où il n'avait que quelques mots à dire, et il y a continué dans *Moi*, par un rôle qui n'était pas mieux fait pour lui.

Qu'on me permette de me borner à mentionner ses trois dernières créations, dans les dernières pièces des Français. La sombre figure du jaloux Alvarez dans le *Supplice d'une femme* allait admirablement à sa taille : celle de Louis XI, dans *Gringoire*, n'a pas été moins bien étudiée, moins bien dessinée par lui. Dans le colonel de *Maître Guérin*, nous avons retrouvé avec plaisir le colonel du *Fils de famille*. Ne parlons pas, par respect pour les mortes, du mari d'*Henriette Maréchal*.

Après la guerre, M. et Mme Lafontaine donnèrent leur démission de sociétaires de la Comédie-Française.

Lafontaine fut engagé en représentations à la Gaîté, pour la reprise du *Fils de la Nuit*, c'était pendant la direction Boulet.

Après, il alla jouer avec le succès que l'on sait, *Ruy-Blas* à l'Odéon ; quand Offenbach prit la Gaîté il engagea définitivement M. et Mme Lafontaine. La pièce de réouverture était le *Gascon* de Théodore Barrière et Poupart-Davyl. Lafontaine créa Artaban-le-Gascon et Madame Lafontaine le rôle de Marie Stuart; la pièce fut ensuite jouée par eux à Bordeaux, et dans plusieurs villes de province.

A son retour à Paris, Lafontaine alla jouer, à l'Odéon, Mazarin de *La Jeunesse de Louis XIV*.

Il va créer le principal rôle de la *Haine*.

FÉLIX MONTAUBRY

Fut aussi l'irrésistible ténor... avant Capoul.

Frère du chef d'orchestre du Vaudeville

qui a laissé son nom à tant d'airs et de rondeaux.

Félix Montaubry a débuté par jouer du violon dans quelques orchestres de petits théâtres.

> Je me fais friser tous les jours,
> On me relève ma moustache,
> J'entrecoupe tous mes discours
> De soupirs, d'ambre et de pistache.

Entré au Conservatoire, il y a fait la connaissance de la fille de Chollet. Ils sont partis tous les deux en représentation à Bruxelles, où ils eurent de grands succès; de là à La Haye, où ils se marièrent. — Ses succès de province l'ont fait engager à l'Opéra-Comique, où il a débuté dans la *Circassienne*, d'Auber. Il était, dans cette pièce, moitié en homme, moitié en femme. Il a créé une infinité de rôles à l'Opéra-Comique. Une de ses plus charmantes créations restera *Lalla Rouck*, rôle qui convenait à merveille à sa nature efféminée, au soin qu'il prenait de sa personne. Le *Postillon de Lonjumeau* et *Rose et Colas* furent également deux grands succès pour lui. — Montaubry est bien le type du joli ténor enfant chéri des dames. L'arrivée de Capoul lui fit perdre du terrain dans le cœur des Parisiennes. Aussi quitta-t-il bien vite l'Opéra-Comique pour se faire directeur des Folies-Marigny. Il y fit jouer deux ou trois pièces dont la musique était de sa composition. Puis il devint directeur à Rouen, mais ne fut pas heureux dans la Seine-Inférieure. Ce qui prouve qu'il est plus facile de roucouler une romance que de s'y connaître en chiffres. — Enfin, M. Offenbach l'engagea pour trois ans à la Gaîté. Il y a débuté dans *Orphée* et dans les matinées lyriques, il joua deux chefs-d'œuvre de l'ancien répertoire, *Maison à vendre* et le *Tableau parlant*. Musqué, coquet, soigné, parfumé comme un petit maître, il prend de sa personne le plus grand soin afin d'empêcher Monseigneur le Public de constater « des ans l'irréparable outrage ». Montaubry fait des altères et de l'hydrothérapie tous les matins en se levant. — Le personnel de la Gaîté, qui le trouve un peu trop collet monté, l'appelle *Monseigneur*. Il affectionne les gilets blancs ou chamois, et porte toujours des redingotes lui serrant bien la taille. Il est père d'un grand garçon qui commence à jouer les amoureux au théâtre Déjazet.

En résumé, qu'est-ce que Montaubry ? La gaminerie, l'aplomb imperturbable, la tyrolienne faite homme, un chanteur plein d'adresse et de ficelles, le style le plus sucré du monde, le ténor personnifiant le mieux l'opéra-comique, mais, par-dessus tout, un artiste un peu trop infatué de son élégante personne. Montaubry a des fourmis dans les jambes qui l'empêchent d'attendre. Lorsqu'il joue, il arrive trop tôt, s'habille de même, et file des sons en voix de tête et arpente trente ou quarante fois de suite le corridor attenant à sa loge.

CLÉMENT-JUST

Ancien acteur de la banlieue, un brûleur de planches, s'il en fut. S'est classé d'emblée au premier rang après le succès de la *Prise de Pékin* au Cirque. C'est lui qui a créé dans cette pièce militaire le rôle typique d'un *reporter* anglais qui meurt dans les plus affreuses tortures, victime de son dévouement pour trois Français faits prisonniers avec lui. Clément-Just a créé aussi d'une façon remarquable le Quasimodo de *Miss Aurore*. Mais où il a fait fureur, c'est à l'Ambigu. Qui ne se souvient de Phénix Porion le *Mangeur de fer?*

Clément-Just, ne voulant pas être pensionnaire de M. Billion, a accepté dernièrement un engagement à l'Athénée, pour chanter l'*opéra-comique* (malgré son organe voilé). Il est vrai que dans *Sylvana* il n'avait rien à chanter; mais enfin tout le monde s'étonnait de voir le nom de Clément-Just sur une affiche de théâtre lyrique. Offenbach l'a extrait à temps de la cave de la rue Scribe, et l'a enrôlé à la

Gaîté, où il a joué dans *Jeanne d'Arc*, dans le *Gascon* ; il va créer un rôle dans la *Haine*. Clément-Just est un artiste modeste, trop modeste même, car la modestie est un défaut capital pour se faire oublier au théâtre, quelque talent qu'on ait. Le latin aura éternellement raison : *Audaces fortuna juvat*.

DESRIEUX

Le créateur d'Henri de Navarre de la *Jeunesse du Roi Henri*. Excellent acteur de drame ; a joué presque tous les traîtres du répertoire du boulevard ; a été engagé par Boulet pour le *Fils de la Nuit*. Offenbach l'a conservé ; il a joué à la Gaîté dans *Jeanne d'Arc*, dans le *Gascon*.

Desrieux a épousé Marie Laurent.

Desrieux est tombé gravement malade il y a quelques mois. On le disait atteint d'aliénation mentale. Il n'en est rien heureusement : sous peu, on espère le revoir entièrement guéri.

PAPA-PITER-CHRISTIAN

Sur ses fiers argots Jupiter s'arcboute,
Agitant sa foudre aux criards éclats ;
Viveur effréné, toujours il écoute
Les chansons d'amour qui viennent d'en bas.

* *
*

Il sait tout les trucs, et ce qu'il en coûte
Pour que la beauté tombe dans ses bras :
Taureau, cygne blanc, sequin d'or qui goutte,
Ou mouche émeraude aux gais entrechats.

* *
*

Ce n'est plus de Zeus l'héroïque scie,
Buvant le nectar, gavé d'ambroisie ;
Il sable le moët en taillant un bac ;

* *
*

Parle sport et turf avec frénésie,
Et pince un cancan plein de fantaisie,
Sous l'archet de fer de maître Offenbach.

D'après une statistique digne de foi (c'est le souffleur qui l'a faite), Christian perpètre tous les soirs, dans *Orphée aux Enfers*, 76 calembourgs soi-disant inédits, outre ceux du recueil à *trois cents pour un sou*, dans lequel il puise à indiscrétion.

L'importante maison d'habillements *qui n'est pas au coin du quai* a le monopole des annonces et des réclames à sensation ; chacun sait cela, car ces annonces et ces réclames incessantes sont devenues proverbiales.

L'immense manufacture d'habillements pour laquelle nous faisons une diversion qui ne nous écarte pas trop de notre sujet, se sert de tout ce dont elle peut se servir (honnêtement, bien entendu,) pour attirer l'attention publique. L'affichage, le décor mural, le transparent-nocturne, le prospectus, la chanson, la quatrième page des grands journaux et la première des feuilles à caricatures, rappellent à tout Paris que la meilleure maison d'habillements n'est pas celle au coin du quai — la *Belle Jardinière*. Tous les soirs, dans trois ou quatre théâtres en même temps, cette maison fait tomber du Paradis une avalanche de prospectus, sous laquelle disparaissent littéralement les têtes des profanes de l'orchestre et des premiers rangs du balcon. Ce n'est pas tout : de la salle, la réclame est passée sur la scène. Le comique aimé est chargé de la faire avaler en douceur au public. Les revues de fin d'année surtout servent admirablement la maison de la rue du Pont-Neuf.—Les Variétés n'en ont-elles pas joué une l'année dernière intitulée : *La Revue n'est pas au coin du quai ?*

Dans *Orphée aux Enfers*, à la Gaîté, Jupiter-Christian avait la partie belle, au milieu des 5,000 mauvais calembourgs qu'il débite chaque soir, pour faire mousser la maison qui n'est pas au coin du quai. — C'est ce qu'il a fait en improvisant cette réclame :

— Madame ma femme, dit-il à Junon, vous mériteriez que je me débarrassasse de vous en vous envoyant à la maison qui n'est pas au coin du quai.

— Pourquoi cela, Monsieur :
— Parce qu'on y rend l'argent de tout achat qui a cessé de plaire.
— Mais je ne vous ai pas coûté un sou !
— Il n'eût plus manqué que cela !

Et le public de se tordre, et la maison du Pont-Neuf de se dire : la Gaîté nous enverra cent clients de plus demain.

Pour plus de détails biographiques, sur Christian, nous renvoyons le lecteur au volume des Variétés (3e de la collection).

DAUBRAY

Le vrai, le seul, le digne remplaçant du gros Désiré.

Offenbach ne pouvait faire faire une meilleure acquisition à M. Hostein, quand il lui fit engager, au théâtre de la *Renaissance*, Mlle Théo et Daubray. M. Hostein, devenu seul directeur de son théâtre, Offenbach garda Daubray pour sa troupe d'opérette qui a ramené le succès aux Bouffes avec la *Jolie Parfumeuse* et tout le répertoire du célèbre maëstro.

Daubray nous a fort diverti pendant plusieurs années au théâtre Déjazet, où c'était déjà le joyeux et sympathique compère que nous retrouvons passage Choiseul.

Daubray a toujours la figure empourprée comme une pivoine. On dirait que ses joues vont éclater comme de simples ballons rouges. C'est égal, comment fait-il pour être *sanguin* avec les appointements qu'il touche?

BONNET

Bonnet de coton, bonnet de nuit, bonnet à poil, bonnet de police, bonnet phrygien, enfin tous les bonnets réputés ne valent pas celui-là pour faire passer une soirée agréable. Bonnet, c'est les Bouffes Parisiens, les Bouffes Parisiens, ce sont Bonnet.

Allez donc le revoir dans la *Jolie Parfumeuse!* Les spectateurs se tordent à voir Daubray et Bonnet; on entend à chaque instant ce cri : *Font-i-rire!*

Bonnet est doué d'un physique auquel sied très-bien le costume féminin. Il a intrigué bien des nourrices alsaciennes dans la *Revanche de Fortunia*.

GRIVOT

Ancien graveur sur métaux. Adroit et agile comme un... clown. Si vous en doutez, vous n'avez qu'à aller le voir gambader en Mercure, au deuxième acte d'*Orphée aux Enfers*. Il se livre là sur les gradins de l'Olympe à une course échevelée ; le plus infatigable facteur renoncerait à le suivre.

Grivot a joué au Vaudeville et un peu partout avec beaucoup de succès ; mais, en supposant que tous les théâtres vinssent à lui manquer, il lui resterait à choisir entre le Cirque d'hiver, le Cirque des Champs-Elysées, le Cirque Fernando ou les Folies-Bergère.

GRAVIER

Acteur de mélodrame, doué d'un excellent organe et d'un physique... à femmes. A commencé à Beaumarchais, a joué à Belleville et au Château-d'Eau. Nous l'avons entendu déclamer fort bien la *Grève des Forgerons*. Mais le talent n'empêche pas les manies et Gravier en a deux. La première, c'est d'offrir cent sous à celui qui sera assez fort pour *le tomber*, lui le digne émule d'Arpin le Savoyard! La seconde, c'est de chanter continuellement l'opéra dans sa loge, et même d'aller jusqu'à chanter des *duos* avec Jean-Paul! Pour ce fait, Gravier a été surnommé par Alexandre : *Le ténor de couloir*.

WILLIAM STUARD

Anglais non naturalisé, pensionnaire de M. Larochelle au théâtre Cluny. M. Offenbach l'a engagé à la Gaîté, où il a déjà joué, avec de fort beaux appointements. Stuard a passé aussi par la Porte-St-Martin. Au moment de la guerre, il quitta Paris pour aller jouer à Nice, en Italie et au Caire. Rentré dans la capitale, il débuta à Cluny dans les *Chevaliers de l'honneur*, joua depuis dans le *Presbytère*, la *Closerie des Genêts* (où il fut très-remarqué), dans les *Frères d'armes* dont il a sauvé les plus mauvaises situations. N'a eu occasion de se montrer à la Gaîté que dans *Jeanne d'Arc*, où il représentait le Beau Dunois. Offenbach l'a autorisé à jouer, au théâtre des Arts, le duc, des *Sceptiques*. Rien de particulier dans la loge de M. Stuard, si ce n'est quelques dessins dus au crayon plus que naïf de ses camarades Georges Richard et Alphonse Barralle. A voyagé beaucoup; aussi a-t-il fait moisson d'anecdotes, et voulons-nous en citer une. Etant à Berlin pendant l'hiver de 1869, un jour qu'il répétait à la cour dans le fameux salon de l'Argenterie, au palais, *d'Aranda ou les grandes passions*, pièce de Scribe, dont tout le premier acte n'est joué que par des femmes, une porte s'ouvrit tout d'un coup et on vit entrer S. M. Guillaume, alors roi de Prusse, qui, après être allé dire bonjour à Eugène Luguet, directeur de la troupe, s'avança vers Stuard en disant aux dames : « Continuez, que je ne vous interrompe pas.» Puis, causant longuement avec M. Stuard : « Ma belle-fille a entendu dire que vous étiez Anglais, et elle manifeste, quoique très-grosse (position intéressante), le désir d'aller vous voir jouer *Par droit de conquête;*» et enfin le roi fit l'aveu que, s'il eût joué la comédie, il aurait pris les rôles comiques. M. Stuard répondit, faisant allusion à la taille du roi : « Sire, vous auriez bien fait, car les comiques de votre force sont rares. » Stuart a résilié son engagement avec la Gaîté; il est parti pour l'Amérique, où l'appelait un très-bel engagement pour jouer en anglais les mêmes rôles que Fechter.

LEGRENAY

Je ne trouve rien de mieux que de reproduire le rondeau qu'Amédée de Jallais lui a fait :

Air : *Ne raillez pas la garde citoyenne.*

Voyez là-bas, ce grand sécot qui passe,
Il est encor plus long qu'un jour d'été;
L'oreille est fine et bien vite ramasse

GAITÉ

Plus d'un propos flattant sa vanité :
On dit tout haut : « C'est Legrenay, l'artiste.
Qui nous fit rire hier à Déjazet,
Il n'est, par lui, pas une pièce triste,
Et la gaîté renaît dès qu'il paraît !
Il a créé cent types en cent rôles,
Il en créera bientôt d'autres encor ;
Donnant à tous les cachets les plus drôles...
Ça va toujours de plus fort en plus fort !...
Il commença par entrer au service
D'un serrurier, chez lequel il chôma ;
C'est pour cela qu'il a beaucoup de vice,
Oui, mais ce vice est le *vis comica*.
Aussi bientôt, désertant la boutique,
Vers Belleville il monte tout courant,
Laissant la forge pour l'art dramatique,
Mettant son feu dans son jeu, dans son chant !
Là, dans le drame, il excelle, on l'acclame,
Il fait pleurer et rire en même temps.
Le vaudeville arrive après le drame,
C'est bien l'hiver qui succède au printemps !
Puis Déjazet bien vite le réclame,
Et dans Paris il descend lestement ;
Adieu le traître, adieu le mélodrame,
C'est le comique au jeu fin et charmant !
C'est *Tricornot*, c'est l'*Amour du trapèze*,
Prés-Saint-Gervais, *Trottmann* et le *Dégel*,
Paris en Chine, où l'on se pâmait d'aise
Lorsqu'on voyait son grand œil bleu de ciel !
Les *Vieux glaçons* après *Juge et partie*,
Belle-Isle ou bien *Mémoire de cherchez ça*.
Toujours le rire... et le public s'écrie :
C'est Legrenay qui nous déridera !
On citerait cent pièces... mais je pense
Que, comme moi, le public les connaît ;
Son chapelet de succès est immense,
Ce chapelet, je viens de *Legrenay* (l'égrener).

REYNALD

Jeune premier rôle de drame. A débuté à l'Ambigu dans un *Lâche*, d'Alfred Touroude.

Le succès qu'il obtint dans le rôle de Roger Delatournelle le fit engager à la Gaîté pour créer, dans le *Gascon*, un rôle important; il a joué ensuite Thibaut dans *Jeanne d'Arc*.

Va créer un rôle dans la *Haine*.

HABBAY

Élève du Conservatoire de Toulouse, il se mit au théâtre, alla en Angleterre donner des leçons de chant, et il fit un riche mariage, qui ne l'empêcha pas de continuer sa carrière artistique. Second ténor d'opéra-comique dans les villes d'ordre, il doubla un beau soir d'été Dupuis dans *Barbe-Bleue*, puis partit pour la Russie, d'où il revint à la Gaîté. — Garçon jovial et franc, il attend impatiemment la création qui doit le mettre en relief. Il vient de s'associer avec le docteur Déclat, d'une part, et avec une huîtrière importante, d'autre part. Cela peut s'appeler occuper ses loisirs de ténor à devenir millionnaire.

Un dernier mot : Habbay vient d'aller

habiter Ménilmontant, et comme il va créer un rôle important dans *Madame l'Archiduc*, il fait quatre fois par jour le trajet à pied, afin de s'entraîner ; car, à l'exemple de beaucoup d'autres ténors, Habbay prend du ventre comme un *abbé*.

ANGELO

Jeune premier, joli garçon. C'était le boute en train du foyer du Châtelet, sous la direction Lacressonnière et Deshayes.

L'été, Angelo va constamment à la campagne. La ligne de St-Germain-en-Laye le réclame ; il lui arrive même, dit-on, des aventures en wagon. Angelo est propriétaire 1° d'une maison de six étages, boulevard Montparnasse ; 2° d'une agilité et d'une force de biceps qui lui permettent de concourir avec Grivot pour les cabrioles et autres exercices de gymnastique. Angelo entre au foyer sur les mains, la tête en bas, les jambes en l'air. De plus, il cultive le trapèze dans sa loge.

De mauvaises langues ajoutent qu'il se parfume comme une femme, et qu'il soutient mordicus, que ce n'est pas lui qui embaume. Serait, par conséquent, bien malheureux, s'il lui fallait jouer le drame à *La Villette* ou à *Bondy*.

ANTONIN

Ancien fleuriste, a commencé la comédie dans les troupes exploitant les environs de Paris. Remarquable par une conviction digne d'être plus appréciée.

A fait son mariage au *Bœuf à la mode*, faubourg du Temple.

SCIPION

N'a jamais posé pour l'ozanore.
Un drôle de comédien ! Propre à jouer l'emploi le plus comique les jours pairs, et l'emploi le plus sérieux les jours impairs. Cela s'appelle de la souplesse. Long, mince, fluet, Scipion passa par la banlieue et la Porte-Saint-Martin avant d'aller faire son petit tour d'Amérique. Il peut aussi bien jouer le drame que la comédie, et la farce que la tragédie. Bon garçon, nouvellement marié, ayant découvert la photographie spirite, ce qui est encore assez *spirituel* de sa part.

COURCELLES

Grosse et bonne nature.
Enfant du peuple, devant plus à lui-

même qu'au public. Né en 1839 (qu'est-ce que ça nous fait) ; jusqu'à vingt ans, ouvrier en bronze ; débuta au théâtre de la Tour-d'Auvergne l'année 1860 ; de là, passa aux Folies-Marigny, en province, aux Fantaisies-Parisiennes, au théâtre Cluny, au théâtre Déjazet, puis, à la fermeture de ce théâtre, il accepta un engagement à l'Alcazar. Mais là, Courcelles se trouva mal à son aise. La chansonnette ne mettait pas assez en relief sa nature franche et sa bonhomie. Enfin, après quelques mois passés aux Menus-Plaisirs, il trouva un engagement au théâtre de la Gaîté, où, sans parler des rôles qu'il créa, il obtînt un grand succès dans les matinées littéraires. La façon remarquable dont il joua le *Barbier de Séville* et la *Partie de chasse d'Henri IV* lui ouvriront tôt ou tard les portes d'un théâtre de genre où il saura se faire apprécier comme financier ou ganache.

TROY

Une très belle voix de baryton. Gêné quelquefois par un masque impassible et un jeu glacial. Chante d'une façon charmante. Serait certainement arrivé plus haut qu'il n'est, s'il n'avait été le frère de son frère, le regretté Troy du Théâtre-

Lyrique, qui avait pris pour lui seul une grande part de la célébrité de la famille.

GASPARD

Ancien second ténor de province dans les troupes de M. Harmant, qui a conservé pour lui une estime des plus grandes. — Aussi la Gaîté, sous le coup de la *Société nantaise,* s'est-elle empressée d'offrir à cet artiste la juste récompense des services rendus à son ancien directeur.

M. Gaspard joue à la Gaîté les rôles dits de complaisance. Homme marié et bon père de famille... s'il en avait.

JEAN-PAUL

Babylas de la *Poule aux Œufs d'or* est Belge... et le filleul de M. Emile Taigny, le directeur de la scène de la Gaîté. Jean-Paul, artiste soigneux, propre, froid et méthodique comme un buveur de faro (il lui préfère cependant le vin de Bordeaux) est plus amusant dans les rôles qu'il reprend que dans ceux qu'il crée.

Jean-Paul a été pendant plusieurs années le pensionnaire des Bouffes.

En somme, un acteur consciencieux et patient qui a pu se dire quelquefois: JEAN PAUL...ME le public.

MEYRONNET

Violoniste, ancien chef d'orchestre, prix du Conservatoire, comédien. Bref tous les talents réunis, mais ne sachant sur lequel chanter... ou danser ?

M. Meyronnet joue en ce moment le rôle d'*Orphée*, en attendant qu'il puisse l'accompagner lui-même... à grand orchestre l'archet de mesure en main.

DAMOURETTE

Chante, peint et joue du violon, le tout avec une agréable médiocrité. Il fut au Gymnase un temps, où il débuta comme jeune premier dans des levers de rideau, puis alla cabotiner en province comme chef d'orchestre, et, en fin de compte, fut engagé à la Gaîté pour doubler *Orphée*. Comme chanteur, petite voix; comme comédien, petit jeu; comme violoniste, petit son. N'a pas d'amourette au théâtre.

MALLET

Est venu au monde à la Gaîté, entre deux portants et ne... s'en porte pas plus mal. A été à ce théâtre, figurant, choriste, puis acteur. Ne demande qu'à garder sa petite place jusqu'à la fin de ses jours. Signes particuliers : est marié, père de famille, fait sa cuisine lui-même et... chambre à part (?)

HENRI

Ainsi nommé parce qu'il s'appelle Urseau. Bien contrarié de ne pas jouer des rôles à physique. Je me suis laissé dire qu'avant l'avénement au trône de Louis-Philippe Ier, roi des Français, un Henri jouait quelque part en province les Collin et les Philippe. De cet emploi doucereux, il lui est resté les habitudes conciliatrices qui le font passer au théâtre de la Gaîté pour le fondant de la troupe. Jouerait de préférence Henri II à Henri de Guise.

CHEVALIER

Cumule. — Commis en marchandises pour le compte d'une grande maison de soieries. Mme Chevalier peint sur porcelaine, et fait des choses charmantes.

ALEXANDRE

Fils de son père le grand Alexandre, le

PHOTOGRAPHIE CH. REUTLINGER

21, BOULEVARD MONTMARTRE, 21

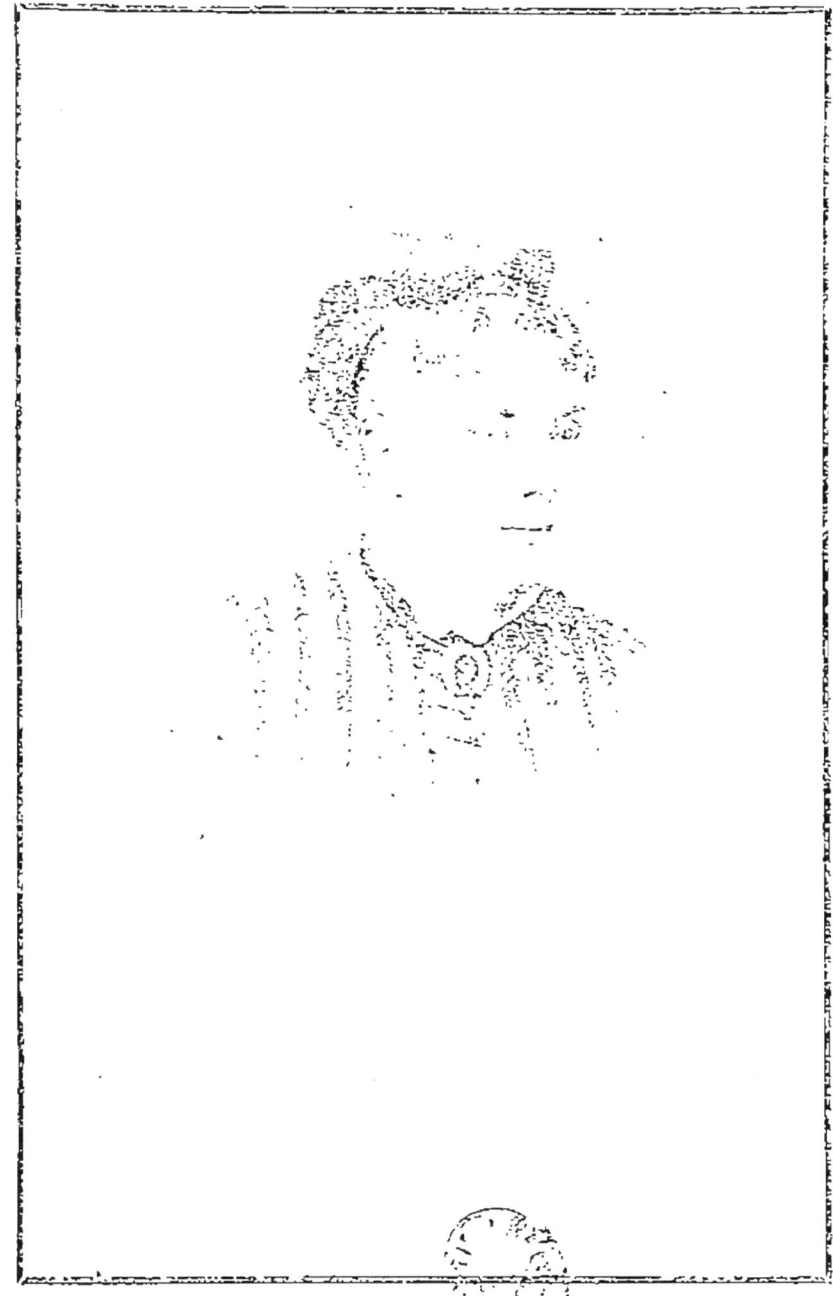

TRESSE, éditeur.   Paris

célèbre Fouinard, dont nous parlerons à la Porte-Saint-Martin.

GALLI

Gros, gras, lourd, empâté. A joué les basse-taille. N'en a gardé que le grasseyement. Honnête et tranquille à la ville, il joue au théâtre un emploi aussi tranquille qu'honnête.

BARSAGOL

Avoir commandé un régiment et rentrer courageusement dans les rangs à l'heure de la retraite, tel est le cas de Barsagol. Ancien premier ténor léger d'opéra-comique, ayant tenu son emploi à Genève, à Lyon et dans d'autres grandes villes à une époque où les appointements ne permettaient pas de faire fortune, il est venu achever son existence artistique à la Gaîté, où il rend de grands services en jouant de petits rôles et en étant chef d'attaque dans les chœurs. Homme modeste, honnête et consciencieux, il montre aux ambitieux qu'à savoir descendre à propos il y a souvent autant de courage que de bon sens.

COLLEUILLE

Grand ami d'Henri, la même douceur, la

même conscience et le même sang-froid. Jamais, depuis qu'existe le théâtre de la Gaîté, on n'a pu savoir où s'habillait Colleuille. Il arrive à la Gaîté en habit de ville, à l'heure fixe, il entre en scène. Mais personne ne peut savoir où il s'est habillé. — A la ville, pas fier du tout. Fait son marché lui-même.

PAULIN

L'air d'un *quaker*. Ancien comédien qui n'a qu'une inspiration : oublier que les feuilles tombent et que l'hiver suit l'été. En est resté à l'ancien répertoire, où il ne voit que le personnage de *Valaire*.

COLLEUILLE FILS

Fils de Colleuille, l'ex-directeur du théâtre Bobino, où il a commencé à jouer la comédie. De là, il est passé à Beaumarchais, où il a également joué la comédie. Maintenant, à la Gaîté, où il continue son commerce de comédien paisible. Il peut dire comme le soldat romain : « Je combats dans les rangs, et je fais nombre. »

MESDAMES

VICTORIA LAFONTAINE

C'était, jadis, de face et de profil,
    Un fil !...
Grasse à présent comme pas une,
    La lune,
Ronde comme elle, a la même blancheur,
Le même charme doux, poétique et rêveur.
    Cette artiste, étrange et volage,
    N'a d'âge
Que ce que lui donnent les yeux.
Où naquit-elle ?... Elle l'ignore.
Sans passé — comme un météore —
Son état civil sérieux
Date du jour qui vit éclore
Son talent chaste et vaporeux.
Victoria !... Ce nom de reine
De sa vie est bien le drapeau :
Elle est l'orgueil des buveurs d'eau
Par son amour pour *la fontaine*.

Henri TESSIER.

Félix Savard, voulant faire la biographie de cette charmante comédienne, la pria de vouloir bien l'aider elle-même dans son travail, en lui envoyant quelques notes. Mme Victoria Lafontaine répondit à l'auteur des *Actrices de Paris* par cette lettre :

« Monsieur,

« Vous me demandez quelques renseignements qui vous permettent de faire ma biographie. Elle a été faite bien des fois à mon insu, et toujours au point de vue du roman, car ma vie a été si simple qu'elle prête peu à pareil sujet.

« C'est M. Gustave Lemoine, frère de M. Montigny, et sa chère femme, Loïsa Puget, qui m'ont ouvert les portes du Gymnase. J'y suis entrée presque enfant; j'ai été accueillie par M. Montigny et Mme Rose Chéri avec la plus exquise bonté. Pour leur en témoigner ma reconnaissance, j'ai beaucoup travaillé. Le ciel m'a bénie comme artiste et aussi comme femme, puisqu'il m'a fait rencontrer mon mari. Voilà ma vie, Monsieur. Vous voyez qu'elle peut être intéressante pour les miens, mais fort peu pour le public. »

Non ! la vie de Mme Lafontaine ne prête guère aux récits. Abandonnée toute jeune par son père et sa mère, qu'elle n'a jamais connus, elle fut recueillie par de braves gens qui l'élevèrent comme leur enfant. La petite Victoria, dès qu'elle eut atteint l'âge de raison, voulut payer l'hospitalité qu'on lui avait si généreusement donnée. Elle apprit avec assiduité la couture, et elle profita de ce que le mari de sa maîtresse d'apprentissage donnait des leçons d'art dramatique pour en prendre avec lui. Elle n'avait qu'un but : gagner de l'argent pour venir en aide à ceux qui l'avaient élevée. Ceci se passait à Lyon. Ce fut dans cette ville qu'elle joua pour la première fois. Mme Loïsa Puget la vit et la recommanda à M. Montigny, son beau-frère. Engagée au Gymnase, elle y débuta, à peine âgée de 15 ans, dans *Yelva ou l'Orpheline russe*. Elle fut aussitôt remarquée ; mais un de ses premiers succès a été *Cendrillon*, de Théodore Barrière. Après, sont venus ceux de *Paméla Giraud*, de *Piccolino*, des *Ganaches*, du *Gentilhomme pauvre*, du *Démon du jeu*, etc. C'est à elle aussi que fut confié le rôle de Marie, dans la *Grâce de Dieu*, reprise à la Porte-Saint-Martin. Le souvenir de Loïsa Puget l'inspira ; elle rendit ce personnage sympathique avec tous ses élans de pudeur et de chasteté ; c'était bien là l'honnête fille, pure et candide.

Le Théâtre-Français engagea Mme Lafontaine : avant ses débuts elle était sociétaire.

Elle débuta le 26 février 1864, dans *Il ne faut jurer de rien*.

Nous ne dirons pas toutes les ressources du jeu digne, ému, naturel, pathétique de Mme Lafontaine. A qui n'a-t-il pas été donné d'applaudir cette charmante artiste, au Gymnase, dans les créations que nous venons de mentionner, et rue de Richelieu, dans : *Il ne faut jurer de rien,* la timide Agnès de l'*Ecole des Femmes,* la sémillante Rosine du *Barbier de Séville,* l'*Œillet blanc,* où le travesti lui seyait si bien, et enfin feu *Henriette Maréchal,* de cabaleuse mémoire. Mme Victoria Valous a épousé M. Thomas, dit Lafontaine, le 23 février 1863. Elle s'était assez souvent mariée avec ce brillant comédien sur la scène de M. Montigny, au dénouement des pièces, pour qu'elle devînt un jour sa femme pour tout de bon.

Je ne sais qui a fait cette originale comparaison du talent de Mme Victoria Lafontaine, lors de ses débuts rue Richelieu ? « Les miévreries de Mme Victoria font songer à ces petites souris blanches, si charmantes dans une petite cage dorée et que l'on aurait peine à voir courir au milieu du Champ-de-Mars. Le Champ-de-Mars, pour l'adorable petite souris blanche dont nous parlons, ce fut pendant huit ans le cadre de la Comédie-Française, et c'est le cadre plus écrasant encore du théâtre de la Gaîté. »

Mme Victoria Lafontaine est tout simplement la première ingénue de Paris. Elle ne dit jamais rien au théâtre, en dehors de son rôle. Elle fait du crochet dans les coulisses en attendant son entrée. Figurez-vous une pensionnaire que le couvent réclame pendant les entr'actes.

LIA FÉLIX

Ainsi qu'une Vestale, elle a dévotement
    Gardé le saint foyer tragique ;
Dans ses yeux on en voit luire distinctement
    La flamme ardente et poétique.
    Et le public, haletant et charmé,
    Le cœur et l'âme pleins de fièvres,
    Par ce grand art enthousiasmé,
Applaudit chaque mot qui tombe de ses lèvres.
    Ah ! la vaillante ! elle a conquis enfin
    La couronne si longtemps due
A ce talent puissant, vigoureux, fier et fin,
    Justice tardive est rendue.
L'Étoile aux fulgurants éclairs brille en plein ciel ;
La foule bat des mains ; la Presse dominée
La compare à sa sœur et lui verse le miel...
Eh ! braves gens, Lia n'eut qu'un tort : elle est née
    Lorsque régnait Rachel.

La parole est, pour la prose, à mon ami Félix Savard, ou, pour mieux dire, à l'intéressant volume qu'il a publié en 1867 sur les *Actrices de Paris*.

Il y a des familles privilégiées que l'art semble avoir marquées au front de son sceau lumineux, qui est toute une auréole, et assurément la famille Félix est de celles-là.

Comptons les artistes qu'elle a donnés au théâtre ! — Nous trouvons *Raphaël*, *Dinah*, *Sarah*, *Lia*, *Rebecca* et *Rachel*. Hélas ! des vides cruels se sont faits dans cette tribu renommée : Rachel, Rebecca et Raphaël manquent à l'appel !

Adélaïde-Lia Félix est née à Saumur. Le temps qui s'écoula entre sa septième et sa treizième année, elle le passa en pension, et quand elle en sortit, son premier mot fut une aspiration vers le théâtre.

Sa sœur Rachel était déjà la grande tragédienne que nous regrettons ; elle était alors à l'apogée de sa gloire, et dame ! ses sœurs voulaient toutes marcher sur ses brisées, suivre ses traces et se tailler un peplum dans son manteau royal ; mais telle n'était pourtant pas l'idée de Rachel ; elle connaissait trop les luttes de la scène ; elle voulait tenir ses sœurs éloignées de ces bruits tumultueux, les marier, leur assurer ce repos, ce calme, cette tranquillité, dont le manque devait la tuer.

Mais Lia ne voulait pas déroger à son nom. Elle insista, et son père (mort il y a deux ans) finit par consentir ; ce fut lui qui lui fit son éducation dramatique.

Lia travailla avec l'auteur de ses jours pendant 2 ans ; ce fut son seul professeur ; il l'a rendue digne du nom qu'elle porte.

Lia Félix joua pour la première fois au théâtre de Saint-Germain, dans la *Pauvre Fille*, et l'affiche était ainsi conçue, d'après es ordres du père :

Mlle LIA FÉLIX

ÉLÈVE DE SON PÈRE

Et Sœur de Mlle RACHEL

jouera le rôle de la *Pauvre Fille*, drame créé à la Porte-Saint-Martin.

Vers 1850, on se trouvait au théâtre de la Porte-Saint-Martin dans un grand embarras ; on répétait *Toussaint Louverture*, la première — et la dernière pièce de Lamartine, — et l'on n'avait pas la moindre actrice sous la main qui fût capable d'y créer le principal rôle féminin et de bien dire les vers. Déjà on en avait *essayé* plusieurs, mais aucune ne marchait convenablement.

Lia Félix fut recommandée à M. Beer, associé de Marc Fournier pour la direction de la Porte-Saint-Martin. M. Beer fut depuis l'organisateur et le directeur du Pré-Catelan.

Le lendemain, Lia Félix fut engagée, et, le samedi 6 avril 1850, elle débutait, sous la direction de M. Marc Fournier, dans *Toussaint Louverture*.

C'était un brillant début, pour une jeune fille de 17 ans, qu'une œuvre du chantre de *Jocelyn*, avec Frédérick Lemaître pour partenaire. Son succès fut grand et légitime, et M. de Lamartine, dans la préface de sa pièce, fit, en ce style que l'on connaît, pressentir tous les succès qui l'attendaient.

Après, on la vit dans le rôle de *Jenny l'Ouvrière...* au cœur content... content de peu !... Puis dans la *Claudie* de madame Georges Sand, à côté de Bocage ; dans la *Poissarde* avec Marie Laurent ; avec mademoiselle Georges dans la *Chambre ardente;* avec Bouffé dans la *Fille de l'Avare,* où elle chantait fort joliment ses couplets ; dans *Richard III,* dans les *Noces vénitiennes,* de ce pauvre Victor Séjour, qu'on vient de mettre en terre !

Mais la fatigue était venue, sa santé s'était altérée, et les médecins lui conseillaient l'air de la mer. Sur ces entrefaites, Rachel s'étant décidée à partir pour l'Amérique, Lia émigra avec elle, et joua, là-bas, à ses côtés, tous les rôles de *jeune première,* tels qu'Aricie, de *Phèdre,* la Catarina, d'*Angelo,* Junie, de *Britannicus.*

Hélas ! il fut bien triste ce voyage, et la pauvre Lia eut bien à souffrir en voyant tous les jours les progrès incessants de la maladie de sa sœur, que le Nouveau-Monde devait nous renvoyer mourante. L'illustre tragédienne avait exhalé sa vie dans un suprême effort.

A son retour à Paris, Lia Félix, dont la santé s'était sensiblement améliorée, fut demandée par M. d'Ennery pour jouer à l'Ambigu les *Orphelines de la Charité*. Elle consentit, et après une série de brillantes représentations, elle alla à la Porte-Saint-Martin jouer *Richard d'Arlington*, la *Closerie des Genêts* et la *Tireuse de cartes*. Ce fut vers cette époque que sa position commença surtout à devenir meilleure, — au point de vue pécuniaire s'entend ; car il y avait longtemps que, comme artiste, on comptait avec elle et sur elle.

Quand l'engagement de deux ans qui la liait avec M. Marc Fournier fut près d'être terminé, M. Harmant l'appela à la Gaîté ; son talent fut en quelque sorte mis aux enchères. M. Marc Fournier cependant finit par la prêter à son confrère, chez qui elle joua *André Gérard*. M. Harmant l'engagea définitivement pour trois ans.

Elle créa au boulevard du Temple la *Fille du paysan*, et dans la nouvelle salle du square des Arts-et-Métiers, le *Château de Pontalec* (de chûteuse mémoire), la *Maison du Baigneur*, le *Marquis Caporal*, le *Mousquetaire du Roi* et le *Hussard de Bercheny*.

M. Dumaine, devenu directeur de la Gaîté, renouvela pour 3 ans l'engagement de Lia Félix.

Que vous dire encore, si ce n'est que mademoiselle Lia Félix n'a jamais fait parler d'elle que comme artiste dramatique, qu'elle vit à l'écart, ne s'occupant pas des autres et n'aimant pas qu'on s'occupe d'elle.

Elle joue avec son cœur, elle pleure de vraies larmes, et, en l'écoutant, on oublie bien vite le rôle étudié pour ne plus songer qu'à l'âme qui s'épanche.

Au physique, c'est une nature d'une apparence frêle, délicate, nerveuse, et l'on est tenté parfois de s'étonner en voyant cette mignonne personne déployer tant de puissance en scène et tant d'énergie. Chez elle, rien de forcé, rien de vulgaire; son talent est complet.

Elle a toutes les finesses de la comédienne, et, avec cela, des élans magnifiques, des cris qui émeuvent, des sanglots qui vont au cœur. Sa diction est vibrante, fiévreuse, pleine d'harmonie; son œil bleu (et elle est brune!) a tour à tour de la fierté, de la tendresse et de la colère; son geste est ample et mesuré. et tout en elle enfin rappelle la passion vivifiante et la force créatrice de la grande tragédienne qui n'est plus.

Le sang de Rachel coule dans les veines de Lia, et les éclairs de ses yeux semblent illuminer son regard et le faire irradier.

MARIE LAURENT

Les artistes sont frères, a-t-on souvent répété; ceci est peut-être vrai jusqu'à un certain point, pour toutes les branches qui se rattachent aux arts, mais au théâtre c'est une vérité rigoureuse. Les artistes dramatiques sont frères, beaux-frères et cousins, germains et issus de germains, etc. A quelques rares exceptions près, le théâtre est exploité par quelques familles privilégiées, dont les membres se marient entre eux, et resserrent ainsi plus étroitement encore cette fraternité artistique.

Au nombre de ces familles, et peut-être en avant de toutes les autres, nous devons compter la famille Luguet. Les Luguet sont nombreux comme les grains de sable de la mer, leur arbre généalogique a ses racines dans les dessous les plus profonds, ses branches nombreuses ombragent tous les plans de la *cour* au *jardin*, et sa tête altière va se perdre dans les frises les plus élevées. — Les Luguet couvrent la surface du globe dramatique, on en rencontre à Paris, en province, à l'étranger, à la banlieue, partout enfin où il y a des coulisses, un trou pour souffler et un parterre pour applaudir. — Montez sur n'importe quel théâtre, frappez du pied, vous êtes sûr qu'il en sortira un Luguet, tout habillé, tout frisé, tout poudré, un rôle à la main, vingt rôles dans la tête, cent rôles sur le bout de la langue.

En vérité, c'est une famille d'artistes

que ces Luguet, une famille où le talent est héréditaire, soyez-en sûrs, et vous en serez convaincus comme moi lorsque vous saurez que madame Marie-Laurent est issue de l'arbre généalogico-artistique dont nous parlions tout à l'heure.

Née à Tulle, département de la Corrèze, madame Laurent, qui n'était alors que Marie Luguet, n'eut garde de mentir à son origine. Elle n'avait encore que trois ans, à peine pouvait-elle prononcer deux mots, que son père lui apprit à épeler un rôle, le souffleur fit le reste; c'est ainsi que la petite Marie Luguet signala ses premiers pas dans le monde de la comédie et dans la comédie du monde. Un peu plus tard, dès que sa mémoire mûrit, elle était chargée des rôles de madame Volnys, et accompagna son père à Amiens.

Malgré toutes ses dispositions et la précocité d'un talent qui, pour n'être qu'en germe, n'en était pas moins encourageant, la petite Marie Luguet resta dix années, tout autant, dix longues années, sans monter sur un théâtre, sans même aller au spectacle. — Mais bon sang ne peut mentir, le jeûne avait été long, l'enfant ne demandait qu'une occasion pour s'installer au festin dramatique ; l'occasion ne se fit pas attendre, et elle signa un engagement pour Rouen, et débuta dans l'emploi des jeunes premières.

Tout le monde connaît le théâtre de Rouen, sinon de vue, du moins de réputation. Le parterre passe pour être taquin, et souvent même un peu rigoureux. Marie Luguet affronta son juge avec toute la candeur de son âge et le courage de son bon vouloir; elle fut charmante dans *Paul et Virginie*, qu'elle joua avec son frère. Le parterre avait pleuré, il était désarmé, et le succès de la débutante ne coûta de larmes qu'au public.

De Rouen, où mademoiselle Luguet resta fort peu de temps, elle alla à Toulouse pour jouer le même emploi, seulement elle agrandit son répertoire, et passa de la comédie à l'opéra avec la même facilité qu'elle avait franchi la distance qui sépare le vaudeville de la comédie. Elle chanta dans le *Puits d'amour* le rôle de mademoiselle Révilly, et plus tard Edvige de *Guillaume Tell*. Le public toulousain lui sut gré de cet acte de volonté qu'elle imposait à son larynx, et, voyant dans la jeune fille une grande comédienne à côté de la chanteuse médiocre, il applaudit vivement l'une pour ne point décourager l'autre.

L'événement ne tarda pas à prouver que les Toulousains avaient raison. C'était en 1849, le choléra régnait dans la ville. Tout le monde était malade ou avait peur de l'être, ce qui revient à peu près au même.

Le directeur aux abois ne pouvait monter aucun ouvrage, ses premiers artistes avaient au moins la grippe. — Comment faire ? et pourtant M. Bocage était à Toulouse, et M. Bocage apportait avec lui, sinon une certitude, au moins un espoir de recettes. M. Bocage est un grand acteur, nous n'avons pas l'intention de dire le contraire ; mais il était difficile, sinon impossible, à M. Bocage de jouer tout seul l'ouvrage de M. Ponsard.—Comment faire ?... A force de prières, de supplications, le directeur finit par réunir autour de lui les moins enrhumés de sa troupe. Un seul rôle manque, et ce rôle, qui n'est pas le principal, il est vrai, est cependant beaucoup trop important pour le remplacer par une pantomime, quelque vive et animée qu'elle soit. — Enfin Lucrèce est prête, mais Tullie est dans son lit ; or le personnage de Tullie, comme on sait, a été établi par madame Halley à l'Odéon, et madame Halley, loin de dédaigner ce rôle, y avait eu un grand succès. — Le directeur, comme nous l'avons dit, était dans le plus grand embarras, mais une joie subite lui vint :

« Nous avons la petite Marie Luguet, dit-il à M. Bocage ; si vous vous en contentez, je ne vois rien qui puisse empêcher la représentation. »

M. Bocage accepta, et ce fut lui qui le

premier alla serrer les deux mains de notre débutante, car c'était un véritable début que ce nouveau pas dans la carrière dramatique.

Ce pas une fois franchi avec une heureuse audace, Marie Laurent abandonna les *ingénues*, et, quoique toute jeune encore, elle entra fièrement dans les premiers rôles ; c'est en cette qualité qu'elle fut engagée à Bruxelles.

Ce nouvel emploi qu'elle venait d'adopter demandait une nature vigoureuse, une grande verve, que la jeune Marie ne possédait encore qu'en herbe, mais qui ne demandaient qu'à être développées ; c'était quelques leçons à prendre, leçons de perfectionnement bien entendu, mais qu'un père ou un frère sont malhabiles à donner. Un jeune artiste, M. Laurent, qui chantait les barytons au théâtre de la Monnaie, lui offrit ses conseils, et bientôt après madame Laurent compléta le talent de mademoiselle Marie Luguet. *Marie-Jeanne*, *Madeleine*, deux grands rôles, contribuèrent, pour leur bonne part, à la réputation de notre artiste.

De Bruxelles, madame Laurent accompagna son mari à Marseille, et son succès fut si grand, que nous renonçons en vérité à le décrire. Le régisseur, M. Vizentini, se hâta de résilier l'engagement de *Marie-Jeanne*, et lui donna rendez-vous à l'Odéon, qu'il venait de prendre des mains de M. Bocage.

Enfin, la petite Marie Luguet, devenue madame Laurent, était à Paris; elle avait peut-être pris le chemin des écoliers, mais les étapes avaient été si heureuses, qu'en vérité elle eût eu mauvaise grâce à se plaindre de la longueur de la route.

Notre devoir d'historien nous oblige à signaler le début de madame Laurent, dans un ouvrage en vers, *Isabelle de Castille*, et nous devons ajouter que, si l'actrice ne subit pas le sort de l'ouvrage, elle le dut à cette heureuse constitution dramatique dont elle était pourvue. Un rôle important dans la *Fille d'Eschyle* vint un peu consoler l'artiste, mais il était décidé que son heure n'avait pas encore sonné. Le poëte Eschyle avait péri de mort violente, sa fille reçut toute la révolution sur la tête, elle ne s'en releva pas. Madame Laurent partit donc pour la province, allant conter son chagrin de ville en ville, et recevant des consolations de parterre en parterre, si bien que, se trouvant un beau jour assez consolée, elle revint à l'Odéon, et déclama *Phèdre* avec d'autant plus de fureur qu'elle se souvenait d'avoir joué *Isabelle de Castille*.

L'Odéon n'avait pas été trop favorable à madame Laurent, une grande compensation lui était due. Madame Sand se chargea de cette dette de la direction, et *François le Champi* lui offrit cent trente fois de suite l'occasion de prouver à tous les directeurs de la rive droite qu'il y avait outre-Seine une actrice dont le talent était de taille à faire la fortune d'une entreprise.

Le théâtre de la Porte-Saint-Martin venait de rouvrir ses portes. M. Marc-Fournier, qui avait suivi madame Laurent avec un intérêt tout particulier, lui apporta un beau jour un engagement et un rôle dans la pièce d'ouverture ; c'était, si j'ai bonne mémoire, l'*Imagier de Harlem*. L'ouvrage était littéraire, et n'eut qu'un succès d'estime ; mais le véritable début de madame Laurent ne date réellement que de la *Poissarde*. A elle seule tout le triomphe, à elle seule tout le mérite d'avoir fait, de ces cinq actes aux allures passablement communes, un succès qui ne se ralentit qu'à la centième représentation. — *Madame Pailleux* restera un des types les plus remarquables auxquels madame Laurent a donné la vie.

Madame Laurent a les traits expressifs et mobiles, son teint vif, ses yeux animés, tout est énergie et résolution dans ce visage qui semble légèrement bronzé par les tropiques ; une bouche aux lèvres un peu fortes vient adoucir ce que sa physionomie semblerait annoncer de rude, et donne un air de bonté à cette figure d'une fierté résolue. — Madame Laurent est une belle actrice, c'est de plus une grande artiste.

THÉRÉSA

Elle a raconté elle-même sa vie, ses débuts, ses grands succès à l'Eldorado et surtout à l'Alcazar. Nous renverrons donc nos lecteurs aux mémoires publiés en 1865 par la diva populaire.

Nous nous occuperons de l'actrice.

Dans ses mémoires, Thérésa disait :

« Il paraît que Siraudin a eu l'intention de me faire débuter au théâtre.

« Le théâtre, c'est mon rêve.

« Je sens que je ne serais pas déplacée sur une véritable scène, et que j'ai ce qu'on appelle la *corde dramatique*. Mais où est le directeur qui pourrait me donner les appointements que je gagne en disant de simples chansonnettes ? »

Thérésa, on le voit par cette citation de ses mémoires, ne manquait pas de confiance en elle.

Son rêve devait se réaliser.

Au commencement de 1867, elle tomba malade ; pendant près d'une année, le public, et il y en avait à cette époque à Paris, fut privé de la *Femme à barbe*. Le directeur de la Porte Saint-Martin se dit que celui qui engagerait Thérésa pour sa rentrée encaisserait quelques bonnes recettes. On répétait justement *1867*, revue de Ad. Choler, Saint-Agnan-Choler et Koning.

Il parvint à vaincre les répugnances de Thérésa (à prix d'or, c'est vrai). On ne lui demandait pas encore de jouer : une chansonnette de circonstance intercalée dans la revue, le *Retour de Suzon*, devait suffire à attirer pendant trois mois le public à la Porte-Saint-Martin. Thérésa fit florès; elle fut accueillie avec transports ; les recettes affluèrent. L'année suivante, Thérésa fut engagée à la Gaîté ; pendant près de 200 fois, elle chanta les *Canards tyroliens* dans la *Chatte blanche*. La guerre arriva : on oublia Thérésa.

Après la Commune, elle fut engagée par de Jallais aux Menus-Plaisirs. Là, enfin, elle devait avoir un rôle, un vrai rôle. Elle joua d'abord le *Puits qui chante*, ensuite la *Reine Carotte*, qui fut jouée 120 fois. Après la *Reine Carotte*, elle fut de nouveau engagée à la Gaîté, pour jouer la *Poule aux œufs d'or*, 200 représentations.

Peu d'artistes certainement sont aussi populaires que Thérésa. Partout où elle joue, elle est sûre d'amener la foule, même pour la *Famille Trouillat*, qu'elle parvint, grâce à deux ou trois chansonnettes, à faire supporter près de 70 fois de suite.

Thérésa vient, paraît-il, d'être engagée définitivement par Offenbach. Quand et dans quoi débutera-t-elle? On l'ignore.

De la femme, nous ne dirons rien. Une observation cependant.

Dans ses mémoires, la chanteuse populaire parle plaisamment de l'économie proverbiale de M. Billion; et savez-vous le défaut attribué, à tort ou à raison, à Thérésa ?

L'avarice!!! l'avarice!!!

MME THÉO

Une étoile qui se lève,
Vaporeuse comme un rêve,
Blanches dents, grands yeux railleurs.
Jeu leste, voix chevrotante,
Que c'est un bouquet de fleurs !

Pomme d'Api, voilà comme
    On la nomme !
Mais le bruit trop laudatif
Dont on fête sa naissance
Peut gâter ce fruit hâtif
Avant toute sa croissance.

Laissez donc mûrir l'épi,
Et, si la farine est bonne,
Vous ferez une couronne
A *Pomme d'Api!*

J'emprunte au *Sifflet* les détails qu'on va lire :

Vous souvient-il de ce temps d'affolement où les voitures de maîtres faisaient le tour de l'Alcazar d'été en file double et serrée ?

De ce temps où, du peuple au trône, on ne répétait qu'un nom, celui d'une diva populaire !

Cet engouement était aussi étrange que celle qui l'inspirait, car Thérésa n'était pas belle et sa voix était presque sauvage.

Mais, quand le public se met à aimer quelqu'un, il l'aime bien. Ses engouements ne s'expliquent jamais.

Aujourd'hui encore, il a sa diva populaire, son étoile de Bethléem, qu'il suit avec amour.

Hier, il exaltait Judic; aujourd'hui, il ne veut plus entendre parler que de Théo !

Et cette fois, quel contraste étrange avec Thérésa!

Madame Théo est jeune et jolie, sa voix est fraîche et pure, douce et pénétrante ; son geste, au lieu de la rudesse grossière de Thérésa, est d'une provocation mutine, tellement adorable, — qu'on irait l'entendre, rien que pour la voir.

Peu de biographes ont dit son âge exact, — cet âge qu'elle n'a encore, heureusement pour elle, aucune raison de cacher. Le Guillois, toujours bien informé, est à même de réparer cet oubli.

D'abord, elle est Parisienne, — tout ce qu'il y a de plus Parisienne, — car elle est née aux Champs-Elysées.

Quel doux nid que les Champs-Elysées ! Quel charmant berceau !

Sa mère est madame Anna Piccolo, propriétaire de ce fameux pavillon de l'Horloge, qu'on vient de se disputer avec tant d'acharnement, — et qui passe brusquement de la folle chansonnette à la musique italienne !

Elle est née le 22 avril 1854, — elle a à peine vingt ans !

Vingt ans et la popularité !

Vingt ans et le talent !

Ah ! Madame, vous êtes bien heureuse !

Ce qui la rend plus heureuse encore, c'est qu'elle a pour l'aimer deux jolis petits bébés, qui gazouillent déjà comme une fauvette et un rossignol.

La fauvette, c'est la petite Madeleine.

A vingt ans, la biographie n'est pas encore bien longue, — mais quand on traverse une époque comme la nôtre, elle est déjà bien remplie.

Madame Théo a débuté pendant le siège, dans un concert donné au profit des ambulances. Oui, elle était à Paris, sa ville natale, pendant ce siége où nous avons tant souffert de la faim et du froid. Cette nature frêle a supporté victorieusement toutes nos privations, mais cela n'a pas contribué à lui donner des forces !

Le soir de ce concert, il gelait à pierre fendre et le canon faisait la basse.

Oh ! elle ne faisait pas que grelotter, ce soir-là ! Elle tremblait !

Pensez donc ! Affronter le public pour la première fois.

Mais, il le fallait; on dépensait tant pour manger si peu !...

Je la vois encore vêtue de sa robe blanche, aussi simple que sainte Mousseline elle-même.

Elle chanta : *Fontenay-aux-Roses, Oui*, et le *Pigeon blessé*, romances de Lhuillier.

Ce fut un charme général. On l'applaudit, mais pour son excessive simplicité, et l'on bissa son talent révélé.

Ce succès dura trois jours de suite, ne faisant que s'accroître à chaque nouvelle audition.

Alors, le régisseur des Variétés, M. Rousseau, l'unique directeur pendant le siége, n'hésita pas à lui offrir un engagement à son théâtre.

Madame Théo rougit de plaisir. Elle se souvenait des leçons d'Halévy; elle se souvenait surtout des leçons de Wartel, son vrai maître; elle se souvenait que sa mère, par un pressentiment singulier, avait déjà voulu en faire une artiste ; elle savait maintenant qu'elle pouvait être elle-même, naturelle, primesautière, et qu'elle plairait plus qu'avec une correction parfaite ; elle n'avait plus peur du public...

Elle accepta.

Oui, mais c'était pendant le siége...

Et quand elle débuta aux Variétés, c'était déjà la Commune !...

Elle remplit le personnage d'Odette dans le *Beau Dunois*...

Au bout de huit jours, sous la pression des événements, le théâtre fermait... et Gélignier y devenait ambulancier...

On a raconté son héroïsme pendant la dernière et sanglante lutte, quand on voulut brûler sa maison, et que pour fuir elle fut obligée d'affronter les dangers de la rue et des barricades.

Ne nous y attristons pas.

Elle remplaça Judic à l'Eldorado, quand Judic partit pour la Belgique.

Madame Théo est elle-même.

A l'Eldorado, elle a créé : *J'viens de me marier,* — *J'suis grise,* — *Coquin d'Printemps,* — *Fauvette et Bouvreuil,* — la *Frileuse,* — la *Peureuse,* — la *Rieuse,* — *Toc-Toc,* etc., etc.

Parmi les opérettes qu'elle a jouées, il faut citer : le *Coq en jupons,* — *Madame*

Nicolas, — le *Page de Madame Malborough*, les *Horreurs du Carnaval...*, etc.

Pendant l'Exposition de Vienne, engagée au *Karl-Theater*, elle obtint tant de succès qu'Offenbach, pour la rendre à Paris, l'engagea à la Renaissance.

Elle fut charmante dans *Pomme d'Api*.

Elle fit de la *Parfumeuse* un immense succès, qui a atteint plus de 200 représentations.

Le *Monsieur de l'orchestre*, du *Figaro*, s'exprimait ainsi sur la digne émule de Judic, lors de l'ouverture du nouveau théâtre de la *Renaissance* :

« L'étoile qui doit attirer dans la caisse de M. Hostein des recettes pharamineuses, la femme à sensation dont le nom doit briller en vedette sur les affiches de la Renaissance, la débutante qu'on attendait avec une certaine curiosité, c'est *Mademoiselle Théo*.

« Il ne m'appartient pas d'apprécier l'artiste, ni même de dire si les espérances de la direction ont été ou non confirmées ; tout cela est du domaine de mon collaborateur Bénédict. Mais quelques renseignements sur la femme sont de ma compétence.

« De tout temps Paris, à côté de ses étoiles dramatiques, a voulu avoir des contre-étoiles. A côté de la Patti, il y a eu Nilsson ; Lagier a essayé de contre-balancer la vogue de Thérésa; mademeiselle Théo vient faire concurrence à Judic. Elle débute dans un rôle écrit pour Judic; comme Judic, elle vient en droite ligne du café-concert. Seulement, c'est une Judic blonde.

« Elle est fille de Mme Anna Piccolo, qui fut pendant longtemps la directrice du pavillon de l'Horloge, un des premiers cafés chantants des Champs-Elysées.

« La petite Théo fut élevée derrière le comptoir, entre un bock et une chanson. Toute petite, elle sut par cœur le répertoire de la troupe maternelle.

« Mais Mme Piccolo vendit un jour son établissement à M. Thomas, du *Soleil*. Celui-ci y installa un gérant inhabile; l'affaire périclita, et Mme Piccolo y perdit une partie de sa fortune.

« C'est alors que sa fille sentit la vocation se réveiller en elle. Elle débuta d'abord aux Variétés, dans une opérette de Lecocq, puis le directeur de l'Eldorado lui fit des propositions si belles qu'elle se décida à entrer à l'Eldorado. C'est à l'Eldorado qu'Offenbach l'a enlevée à prix d'or.

« Mme Théo est mariée à un ex-tailleur, M. Vachot, très-jeune et très-joli garçon, qui reprit pour son compte la brasserie fondée par l'artiste Castellano, qui, à un moment, blasé des succès du théâtre, avait songé à se reposer dans les modestes occupations de marchand d'eau chaude, et qui, pris quelques moments après de la nostalgie du lustre, remonta sur la scène, et dirige maintenant l'ex-Théâtre-Lyrique.

« Mme Théo est, de plus, cousine de M. Planchet, cafetier du théâtre, qui a joué quelque peu la comédie.

« On le voit, l'estaminet joue un grand rôle dans la vie de *Pomme d'Api*. »

Depuis *Pomme d'Api*, Théo a créé avec le succès que l'on sait la *Jolie parfumeuse*. Pendant quatre mois, elle a joué la pièce à la Renaissance. Elle vient encore de la jouer soixante fois aux Bouffes.

MME LAURENCE GRIVOT

La petite Laurence arriva des Batignolles au Vaudeville et y débuta dans la *Chercheuse d'esprit*, avec son camarade Grivot (qu'elle épousa quelque temps après). Elle y eut un succès remarquable, suivi d'autres créations charmantes. Entre autres : le *Ménage en ville*, la *Jeunesse de Piron*, le *Sacrifice*, etc., etc. Du Vaudeville, elle passa à la Gaîté, où elle joua la *Grâce de Dieu*, et fit recette, malgré la guerre et la Commune. Puis elle alla une année au Caire, et fut engagée par Offenbach, qui la fit débuter à la Renaissance dans la *Permission de dix heures;* puis elle créa la *Jolie Parfumeuse*, *Bagatelle* aux Bouffes. Madame Grivot vient de créer le *P'tit Bonhomme pas plus haut qu'ça* dans *Madame l'Archiduc*. S'est fait remarquer aux matinées littéraires dans le Chérubin de *Figaro*, dans le *Philosophe sans le savoir*, etc. Pourrait être aussi bien aux Français qu'aux Bouffes. C'est une comédienne de premier ordre; elle porte le travesti comme Déjazet. Elle est arrivée, à force de travail et de volonté, à chanter d'une façon charmante. Maintenant son nom est fait : il restera.— Adore son mari, qui le lui rend avec usure.

AIMÉE TEISSANDIER

1er rôle de drame. — A commencé sa carrière militante à Bordeaux. De là, elle passa à Bruxelles et à Reims, d'où Lafontaine la fit engager. Elle commença l'étude de l'histoire de France au moment où la Gaîté monta *Jeanne d'Arc*, mais ses occupations théâtrales ne lui permirent pas d'aller plus loin que le roi Charles VII. En ce moment, madame Aimée Teissandier est en congé au Caire. — Curieux détail pour les initiés : n'aime pas les marchands de meubles.

MARIE VANNOY

Fille de l'excellent Vannoy, de la Porte-Saint-Martin. Débuta à l'Ambigu, passa au Gymnase, où elle créa d'une façon remarquable l'*Abandonnée*, de François Coppée ; repassa à l'Ambigu, fut engagée à la Gaîté, qui la prêta à l'Ambigu ; revint cet hiver à la Gaîté, qui la reprêta à l'Ambigu.

Elle vient de créer, à ce théâtre la *Princesse Amélie* dans l'*Officier de fortune*.

MME ANNA DARTAUX

Sous le nom d'Anna Godot, fut danseuse aux Folies-Marigny et à l'Opéra-Comique. Après cela, elle débuta aux Bouffes, dans le *Moulin joli*, de Varney, où la culotte du dragon promettait tout ce qu'elle a tenu.

Passa de Bordeaux à Anvers, Gand, Bruxelles. Adorée dans ce coin de Belgique, où elle faisait la pluie et le beau temps, elle fut engagée à Paris pour créer l'Eurydice, d'*Orphée*. Mais à la suite de difficultés qui s'élevèrent entre son directeur et elle, elle ne créa que *Pomme d'Api* et la *Permission de dix heures*. A la 100e d'*Orphée*, elle reprit le rôle d'Eurydice. Mlle Dartaux est une charmante Dugazon, qui a le tort de se croire première chanteuse. Sa voix est chaude, pure, excellente. Elle quitte la Gaîté ou la Gaîté la quitte, comme vous voudrez. Les Russes lui font un pont d'or, mais qu'elle prenne garde à la Sibérie. Dans tous les théâtres où elle passe, elle laisse la réputation d'une pensionnaire très-difficile, et l'on ne plaisante pas avec le Nord.

MATZ-FERRARE

Vous souvient-il de la petite Denise Ferrare? Enfant du Cirque et cabotine des pieds à la tête, elle joua maint et maint rôle, tant à Paris qu'en province, jusqu'au jour où elle se fit remarquer au Théâtre-Historique dans *Léonard*. Après quoi, elle refit son *tour de France* en gai compagnon. C'est à Bordeaux qu'elle épousa M. Matz, pianiste. Depuis, entre Bordeaux, l'Italie et Marseille, elle obtint de grands succès dans toutes les pièces d'Offenbach. — Elle revint à Paris et fut engagée aux Menus-Plaisirs pour créer le principal rôle de l'*Eléphant blanc*. Elle créa après cela la *Liqueur d'or*, qui fut arrêtée à la douzième. — La déconfiture des Menus-Plaisirs lui permit d'être engagée à la Gaîté, où elle créa Cupidon dans *Orphée*.
— Madame Matz est restée un peu trop en province. Si, depuis *Léonard*, elle n'avait

pas quitté Paris, ce serait aujourd'hui une de nos principales étoiles. Elle a tout ce qu'il faut. Pourtant, il lui manque le je ne sais quoi si cher aux Parisiens. Une création importante peut le lui donner, à moins qu'elle ne préfère retrouver au-delà de nos fortifications les grands succès qu'elle peut y obtenir. Le cadre de la Gaîté est un peu fort pour elle. A la Renaissance, une telle artiste serait un trésor... le trésor des *Ferrare*.

MARIE BRINDEAU

Fille de M. Brindeau, le sociétaire de la Comédie-Française. A beaucoup joué dans les villes d'eaux et dans les salons, et le plus souvent avec M. Febvre, du Théâtre-Français. Elle a joué à l'Odéon et au Châtelet, dans le *Juif-Errant*, dans la *Maison du Baigneur*.

Les étoiles de première grandeur l'ont empêchée jusqu'à présent de briller comme elle le pourrait faire au milieu des autres constellations dramatiques.

ANGÈLE

Bordelaise — ce qu'on ne croirait pas à voir son pied, — née pour jouer les Vénus.

— A paru au firmament dramatique, découverte par l'astronome Bernard-Latte et présentée par le savant Cogniard. — C'est ce qu'on appelle un beau brin de fille; ah! mais pour un beau brin, c'est un beau brin. Ce qu'elle aime le théâtre, et les artistes, donc! Dans le drame, c'est le traître qui la passionne le plus. Mais ne parlons que d'*Orphée*, où Vénus est toute à Mars. La belle Angèle, en souvenir de son ancien théâtre, est restée le plus ferme soutien du café du Château-d'Eau.

Jamais d'Artagnan des *Mousquetaires* ne vint chez Planchet si souvent qu'Angèle. Plusieurs théâtres l'ont demandée à Offenbach pour des rôles non distribués. Le maëstro a refusé, préférant garder ses richesses, et répondant: « A la vue de telles actrices, mon public *en grille;* peu m'importe que les autres *en gèlent.* »

MME BERTHE PERRET

La chaste *Diane*. En sortant du Conservatoire, elle entra aux Folies-Dramatiques, d'où elle sortit, avec un procès gagné par elle, pour entrer à l'Opéra-Comique, d'où elle sortit pour se fixer à la Gaîté. Elle n'a encore joué que dans *Choufleury* et les *Dames de la Halle* à la Renaissance.

Excellente musicienne, travailleuse et

intelligente, elle supplée, à force de travail, à la facilité vocale que la nature lui a refusée. Aucune création n'aura pour elle le relief de Diane, qui l'a fait valoir comme femme et comme artiste. Sa ligne droite fait merveille au milieu du déhanchement de l'Olympe. J'en appelle à tous les peintres.

ELVIRE GILBERT

Débuta au Théâtre-Lyrique par un rôle de bohémienne muette, dans la *Fiancée d'Abydos*. A la suite de ce début, elle passa par la Porte-Saint-Martin, où elle fit admirer sa jolie jambe dans un page important de la *Biche au bois*, puis elle alla à Berlin, dans la troupe de M. Luguet, où elle obtint de très-grands succès. De retour à Paris, elle laissa Melpomène pour Thalie, et passa aux Bouffes, où elle créa, entre autres, le *Fifre enchanté*. Des Bouffes à la Gaîté, où elle joua la *Chatte blanche*, et la belle Pompéïenne dans le *Roi Carotte*.

Un profil grec, des formes presque irréprochables, une voix agréable, une nature tranquille, telles sont les qualités de cette jeune première, qui a déjà l'*opinion publique* pour elle.

BLANCHE MÉRY

Un petit frou-frou qui vient des Variétés. Leste, vive, gaie, fine, intelligente, faisant beaucoup de bruit. Signes particuliers : des bras dignes de Canova. Fera quand elle le voudra une soubrette pour le Vaudeville ou le Gymnase.

PAULINE LYON

A commencé au Palais-Royal, sous le simple prénom de Pauline. De là est partie au Portugal pour le théâtre français de Lisbonne (1852), puis a été dans l'Amérique du Sud, où de comédienne elle s'est transformée en modiste. Après avoir amassé un petit pécule, est revenue en France, où elle a repris la scène sur le théâtre Déjazet et autres. Christian-Jupiter ne pouvait rêver une plus appétissante *Junon*.

Mme JEAULT

Femme de Jeault, l'amusante ganache des Folies-Dramatiques. Mme Jeault, qui a de la barbe au menton comme feu Mme Thierret, est depuis un temps immémorial à la Gaîté. On dit même qu'elle ne se rappelle pas avoir joué ailleurs.

Mme Jeault a plusieurs cordes à son arc, notamment celle du commerce. Elle vend de la parfumerie à la Gaîté, pendant que son mari en vend, de son côté, à ses camarades des Folies-Dramatiques.

M. et Mme Jeault sont sûrs de rester en bonne odeur dans leur théâtre respectif.

JULIA H.

Une jolie petite souris qui trotte menu, parle de même, et se défend comme une lionne quand on l'attaque.

Mère d'un adorable petit bébé. Elle a passé par les Variétés et par l'Amérique avant de se fixer à la Gaîté. — Elle doit avoir des valeurs à la Bourse, car elle ne parle jamais que de *reporter*.

MAURY

Élève du Conservatoire. Très-aimée de toutes ses camarades, qui, fait rare, ne cassent pas de sucre sur son compte. — Une excellente voix, peut-être la meilleure de la maison.

CASTELLO

La Sagesse, mesdames et messieurs, la

Sagesse... dans *Orphée*. D'ailleurs, a si bien mûré sa vie privée, qu'il est bien difficile d'en franchir le seuil. — Au physique, c'est un camée. Au moral, c'est une femme distinguée qui possède plus de bon sens à elle toute seule que toutes ses camarades réunies. Au théâtre, on la trouve un peu pincée. Dame! quand on joue la Sagesse...

DURIEU

La belle ribaude de *Jeanne d'Arc* a fait la connaissance au quartier latin de son mari, le docteur D***, dont elle commença la clientèle. Un excellent ménage. Lorsque madame chante, monsieur est dans la salle, tremblant de peur. Lorsque monsieur a une opération difficile, la voix de madame s'en ressent le soir.

Bref, son mari la quittant rarement, elle est aimée, choyée et protégée à la ville comme au théâtre.

DAVENAY

La femme la mieux faite de Paris, — après la belle Mariani, de sculpturale mémoire. Rieuse, elle adore les histoires folichonnes; quoique fidèle à l'élu de son cœur, chaque fois qu'on raconte devant elle un fait croustillant, elle en rit à *Georges* chaude.

GOBERT

L'ex-Gobert de l'Ambigu au temps de ce bon monsieur de Chilly. Désespérée de faire si peu de chose à la Gaîté, mais à qui la faute ? Très-bonne petite personne ; elle adore son chien.

IRIART

Une voix, un nez, — un nez, une voix. — Adore la flanelle. — Son air favori est :

Dans un *grenier* qu'on est bien à vingt ans !

MARIE GODIN

Est le représentant femelle de la dynastie des Godin au théâtre de la Gaîté.

Fille du souffleur et sœur du second chef d'orchestre, elle les confond tous deux dans le même regard. — A doublé au pied levé Judic dans le *Roi Carotte*.

METTE

Ancienne fourmi du *Roi Carotte*. Elle

était alors mince, mince, mince, comme cet insecte. Aujourd'hui qu'elle est devenue madame Beaudu, la fourmi a pris l'embompoint... du mariage.

Bonne, douce, aimable, et pas cancanière du tout : voilà tout le mal que nous pouvons en dire.

SYLVANA

Quoique Gaston Mathieu lui ait fait des portraits les plus ressemblants du monde et qu'elle soit très-jolie femme, on retourne toujours la photographie... Je ne comprends pas pourquoi... j'en suis *tout étonné*... Sylvana a dû ses débuts à l'influence de la presse. Peu patiente, elle ne donne pas beaucoup de ses lectures. Pour elle, un journal n'est qu'un *éclair*.

CONTI

Arrivait de la province et y est retournée.

En reviendra-t-elle ?

GUIOTTI

Possède de très-beaux cheveux noirs, avec lesquels elle se coiffe le plus mal du monde, chante agréablement... au-dessus de la note. A refusé de jouer Vesta dans *Orphée*. Pourquoi ?

LES SŒURS ALBOUY

Aucune parenté avec la rue de ce nom. L'une, petite et grosse, a eu beaucoup de succès à Carpentras dans le *Violoneux*. L'autre, jeune et douce, a créé, à la *Renaissance*, la quatrième femme de chambre de la *Jolie Parfumeuse*. Si les Vapereau de l'avenir ne trouvent pas ces renseignements suffisants, je donne ma langue au chat.

CAPET

Femme du régisseur de l'Eldorado, et très-aimée de Mlle Godin. C'est tout ce que les biographes peuvent trouver sur son compte.

GRANDPRÉ

A créé Pandore dans *Orphée*. Belle fille: Tel était son talent. Le jour de la 20° représentation, elle oublia le chemin de la rue de Réaumur. Les recettes n'en ont point baissé.

JEANNE EYRE

Qui s'appelle de son vrai nom Lefebvre.
— Pose chez Nadar.

DEBRYAT

Surnommée *plantureuse* par Christian. Cette charmante enfant a toujours l'air d'un bonbon fondant dans lequel on aurait mis trop de sucre. Elle fait bien au théâtre, mieux encore à la ville. Je ne vivrai jamais assez longtemps pour la retrouver au Théâtre-Français. — N'est pas parente *Debryat-Savarin*.

PAULY

? ? ?
! ! ! ! ! !

M_LLE WAGNER

Sœur d'un dentiste. — Si grande, si grande, qu'elle dérangerait les frises en entrant en scène.

Musicienne émérite, polyglotte. Elle quitte la Gaîté pour entrer au Théâtre-Italien.

Elle laisse à la Gaîté quelques amies éplorées.

Pendant deux ans, fit partie du Conservatoire, dont elle sortit fruit sec, ce qui étonnera toujours ceux qui connaissent sa voix et son intelligence.

DANSEUSES

MME THÉODORE

L'étoile de l'année dernière.—Un grand talent.

FONTABELLO

C'est l'Italienne pur sang, la danseuse intrépide, folle de son art et s'élançant au début d'une variation, comme on s'élance à l'attaque d'une redoute. Le théâtre pourrait sauter, que sur ses ruines on la retrouverait toujours, souriante, furieuse, endiablée et terminant son écho aux applaudissements... des pompiers. — Très-aimée du public de la Gaîté. — A toutes les premières, elle remporte le succès du ballet. A la ville, c'est un bon garçon, camarade avec tous et fière du sang italien qui coule dans ses veines. — Dernier détail : n'entrerait jamais en scène sans faire le signe de la croix.

CHRISTINA ROSELLI

1re danseuse. L'étoile du jour. 17 ans, petite, noirotte, une Bosaki de l'avenir. Arrive de l'Italie, où elle cueillit à Reggio ses premirs lauriers. Ne sait pas sourire, chose rare pour les danseuses, et quand elle veut sourire au public au milieu d'une variation, elle a l'air de dire : « Mon Dieu, que mon pal me gêne. »

DEL POZZO

A filé de la Gaîté sans tambour ni trompette en Amérique. Le tribunal l'a condamnée à payer 3,000 francs de dommages-intérêts. — Avis aux consuls.

PREMIÈRES DANSEUSES

ROSINA BRAMBILLA

Une Italienne qui se francise. Elle était à Bruxelles il y a deux ans, à Lyon l'année dernière. Danseuse correcte, elle a de petites mines fort bonnes à voir.

Le *demi-caractère* est son lot.

LÉONTINE VERNET

Danseuse de race. Débuta à l'Opéra. L'une des danseuses les mieux faites qui existent. De l'école et du cachet.

Bonne petite personne. Simple et consciencieuse, elle n'a d'autres signes particuliers que de faire du crochet du matin au soir et d'adorer ses cinq ou six chiens, qu'elle regrette bien de ne pouvoir amener au théâtre avec elle ; mais on est si sévère à la Gaîté...

EUGÉNIE PELLETIER

Femme de M. Buisseret, le maître de ballet des Folies-Bergère. Ne manque pas d'un certain effet sur le public; seulement finit un peu trop ses variations comme un clown. Se plaint toujours du directeur, des administrateurs, du maître de ballet, de ses camarades, des habilleuses, de ce qu'elle a dansé, du temps qu'il fait, bref, de tout le monde et d'elle-même. A cela près, parfaitement contente.

2ᵐᵉˢ PREMIÈRES DANSEUSES

ENRICHETTA MAÜRY

Nouvelle arrivée. Grande, blonde, plantureuse, du ballon, et du ballon. Ne quitte jamais sa camarade Salvadori.

MARIE GARDÈS

Est sortie petit à petit des rangs du ballet de la Gaîté. Il va sans dire qu'elle est très-protégée par le maître de ballet, et qu'elle mérite cette assiduité par son travail constant. Un peu maigrelette, il ne lui manque que d'engraisser un peu pour devenir une charmante petite étoile. Avec Herbinot et Solari, constitue le trio gamin du ballet.

2ᵐᵉˢ DANSEUSES

AUGUSTINE HERBINOT

Une très-gentille petite enfant, un peu trop douillette. A débuté au théâtre du

Château-d'Eau. Rieuse, alerte de son naturel. Ses camarades lui reprochent de ne pas aimer les bains froids.

LAURA GARBAGNATI

Est arrivée d'Italie comme simple danseuse du corps de ballet. Ses excellentes dispositions, son assiduité et son intelligence la firent vite remarquer du maître de ballet. On lui fit danser à l'improviste, devant tout le monde, une variation, et elle passa d'emblée seconde danseuse.

Modeste et intelligente, elle parlait couramment français au bout de trois jours qu'elle était à Paris.

ANTONIA GARDÈS

Un maréchal du corps de ballet qui, pour avoir conquis ses grades à l'ancienneté, n'en est pas moins fort agréable à voir.

CAMILLE PERROT

Petite, maigre, travailleuse et méritante. Son époux est 1er violon à l'Opéra, et fabrique des chaussons de danse à ses moments perdus.

EMMA SALVADORI

Brune, lymphatique. Ne quitte jamais sa camarade Maüry.

ELVIRA VIOLA

Prima guida — di prima quadrilla. Una bella figlia ! ! ! ! !

MASCONI

A de bien vilains bras — comme danseuse, s'entend, mais une bonne petite personne tranquille, qui sourit imperturbablement dans toutes les occasions de la vie chorégraphique.

SOLARI

Une enfant de la maison. De sérieuses qualités, tant comme danseuse que comme femme. Mériterait le prix Monthyon. Estimée, méritante, mais rieuse, rieuse, rieuse comme une enfant de la Gaîté. Ses camarades l'appellent le *clown*.

FIN DU TOME DEUXIÈME ET DERNIER

Henry BUGUET.

Décembre 1874.

EN VENTE
A LA MÊME LIBRAIRIE

FORMAT IN-18

OPÉRAS COMIQUES ET OPÉRETTES

BAGATELLE, 1 acte............	1 fr.	50
LA FILLE DE Mme ANGOT, 3 actes..	1	»
LA LIQUEUR D'OR, 3 actes......	2	»
LA JOLIE PARFUMEUSE, 3 actes...	2	»
LE FLORENTIN, 3 actes........	2	»
DON CÉSAR DE BAZAN, 3 actes...	1	»
LE PREMIER JOUR DE BONHEUR, 3 actes...............	1	»
LA FANCHONNETTE, 3 actes.....	1	»
VERT-VERT, 3 actes..........	1	»
RÊVE D'AMOUR, 3 actes........	1	»
MAZEPPA, 3 actes............	2	»
POMME D'API, 1 acte.........	1	50
LA PERMISSION DE DIX HEURES, 1 acte.................	1	»
LA LEÇON D'AMOUR, 1 acte.....	1	»
MAITRE PATHELIN, 1 acte......	1	»
LES PAPILLOTES DE M. BENOIST, 1 acte.................	1	»

LE NOUVEAU SEIGNEUR DE VILLAGE,
 1 acte.. . . . . 1 fr. »
LA NUIT DES NOCES DE LA FILLE
 ANGOT, 1 acte. . . . . 1 »
LES FOLIES AMOUREUSES, 1 acte. . 1 »
LES BAVARDS, 2 actes.. . . . . . 1 »
ÉLISABETH OU LA FILLE DU PROS-
 CRIT, 3 actes.. . . . . 1 »
DON GREGORIO, 3 actes. . . . . . 1 »
MARIÉE DEPUIS MIDI, 1 acte.. . . 1 50
L'ÉCOSSAIS DE CHATOU, 1 acte.. . 1 »

EN VENTE :

DESCLÉE

BIOGRAPHIE & SOUVENIRS

PAR

ÉMILE DE MOLÈNES

Un joli volume in-18, orné d'un très-beau portrait à l'eau forte. *Franco*.. 3 fr. 50

OUVRAGES
SUR LA CHASSE
PAR
ELZEAR BLAZE

LE LIVRE DU ROY MODUS ET LA ROYNE RACIO. — Recueil des anciennes chroniques de chasse. 1 beau vol. gr. in-8°... 50 fr.

LE CHASSEUR AUX FILETS OU LA CHASSE DES DAMES. — Contenant les habitudes, les ruses des petits Oiseaux, leurs noms vulgaires et scientifiques, l'Art de les prendre, de les nourrir et de les faire chanter en toute saison, la manière de les engraisser, de les tuer et de les manger. Un vol. in-8°, très-rare (épuisé)..... 30 fr.

HISTOIRE DU CHIEN CHEZ TOUS LES PEUPLES DU MONDE, d'après la Bible, les Pères de l'Eglise, le Koran, Homère, Aristote, Xénophon, Hérodote, Plutarque, Pausanias, Pline, Horace, Virgile, Ovide, Jean Caïus, Paulini, Gessner, etc. 1 vol. in-8 rare. 15 fr.

LE CHASSEUR AU CHIEN COURANT. — Contenant les habitudes, les ruses des Bêtes, l'Art de les quêter, de les juger et de les détourner, de les attaquer, de les tirer ou de les prendre à force; l'éducation du Limier, des Chiens courants, leurs maladies, etc. 2 vol. in-18........ 7 fr.

LE CHASSEUR AU CHIEN D'ARRÊT. — Contenant les habitudes, les ruses du Gibier, l'Art de le chercher et de le tirer, le choix des Armes, l'Education des Chiens, leurs maladies, etc. Un volume in-18. 3 fr. 50.

CABINET SECRET

DU

MUSÉE ROYAL DE NAPLES

L'art ancien et l'art au moyen âge ne se piquaient pas d'une pudeur bien chaste; les plus admirables chefs-d'œuvre sont souvent accompagnés de détails obscènes qui en rendent impossible l'exposition aux yeux de tous. Le cabinet secret du roi de Naples est la seule galerie au monde où l'on se soit proposé de réunir tous les chefs-d'œuvre impudiques. Le livre qui les reproduit est l'indispensable complément de toutes les collections de musées, et doit trouver place dans un coin secret de la bibliothèque de l'artiste et de l'amateur.

1 beau vol. in-4° grand-raisin vélin, orné de 60 planches, représentant les peintures, les bronzes et statues érotiques qui existent dans ce cabinet.

Figures noires, broché. . . . . . . 40 fr.
Figures coloriées, broché. . . . . 60 fr.
LE MÊME, avec les deux collections de gravures noires et coloriées sur papier de Chine demi-rel. dos en veau à nerfs. . . . . 120 fr.

Imp. RICHARD-BERTHIER 18 & 19, pass. de l'Opéra.

www.ingramcontent.com/pod-product-compliance
Lightning Source LLC
Chambersburg PA
CBHW071747240526
45471CB00022B/605